生きる
はたらく
つくる

# 工作即創作

## 皆川明的人生與製作哲學

U0048704

皆川明——著　蘇暐婷——譯

# 目錄

# 好感推薦

二〇〇九年獲得美國Gen Art前衛時裝獎後，我常收到服裝設計相關書籍的推薦邀請，但推薦另外一位服裝設計師的自傳倒是生平第一次。

身為正在經營自創品牌的服裝設計師，閱讀皆川明的《工作即創作：皆川明的人生與製作哲學》，就像以第二人生重新走了一趟服裝品牌創業之旅，閱讀中經常感同身受並心有戚戚焉，甚至會自問：「要是我會做怎樣的決定？」

書中提到初創業時的各種艱辛狀況；與經銷商及工廠瑣碎但關鍵的往來互動；乃至於對品牌設計與營運方向的不斷辯證，各個都是設計師經營自創品牌的必經魔考。相信不論是對服飾業有興趣的普羅大眾；還是服裝相關科系的學生；或是正在品牌經營道路上的人，都能跟我一樣，從皆川明老師這本自傳得到不少啓發。

——Johan Ku古又文／服裝設計師

在東京的旅行裡常常會遇到皆川明先生的設計，卻直到擔任他二〇一九年來台分享會的主持人時，才有更多的機會去了解minä perhonen與皆川明先生的生活、工作與製作哲學。

這本書以第一人稱真誠且詳細地描述自幼迄今的人生歷程，從想要成為運動員到夢想破滅；從親自推銷卻賣不出的衣服，到直營店開幕時店外大排長龍的人潮。這一個個精彩且充滿啓發的人生故事，足以帶給不只是時尚產業的各行業既深刻也長遠的影響。

而minä perhonen做為日本原創的服飾品牌，但在製造理念與行銷上卻與絕大多數的時尚品牌反其道而行，卻更匯聚了一群認同品牌價值的忠誠粉絲。我想，正是在於其堅定的信仰與社會共好的價值觀，並且是以能「至少延續百年」為前提所創作的品牌，有著「創造美好回憶」的強大基因，而這一切自是來自這位懷抱理想、謙遜真誠且兼具理性與感性的創辦人，皆川明是如何思考又是怎麼做到的？透過閱讀本書，給自己一個變得更好的機會。

——**吳東龍／日本設計美學作家**

# 第一章 年少輕狂

## 愛捏泥巴球

讀幼稚園時我最愛捏泥巴球了。雖然用黏土做兔子、松鼠也很好玩，但泥巴球捏起來更特別，直到現在，我依然忘不了泥巴球在手裡的觸感。

我讀的幼稚園位在大田區西糀谷。西糀谷是蒲田的鄰鎮，屬於下町區，不論離多摩川河口或羽田機場都很近。以前的天空非常遼闊，沒什麼遮蔽物，我總會盪著鞦韆向後躺，仰望天空，有時盯著流雲，有時看著紅通通的夕陽發呆，不管怎麼看也看不膩。

姊姊四歲、我三歲的時候，爸媽離婚了。我們姊弟倆跟著爸爸，由爸爸與奶奶拉拔長大。當時還是上班族的爸爸，後來也再婚了。

在幼稚園我是個不合群的小孩，但並不是怕生、內向的那種不合群，而是我的運動神經非常發達，不論跳箱或賽跑樣樣都難不倒我。只要能舒展筋骨，任何活動我都愛，結果我動不動就和男生打架，而且都是為了雞毛蒜皮的小事。大概就像同一窩的小狗、小貓一個看不順眼就用腳掌互毆、張嘴互咬、扭成一團一樣吧。總之我打架從不輸人，幼稚園抽屜裡，手下敗將送來的玩具車堆積如山。

我還常常翹幼稚園，一個人去附近的公園溜達，升大班以後，甚至跑去姊姊上的小學探險，害得幼稚園老師得三不五時騎腳踏車拎我回去。被老師「逮」回去以後，差不多就要午睡了。同學們都是打地鋪睡覺，只有我被叫去其他房間，但我並不覺得自己被當成問題兒童或遭到差別待遇，反而覺得老師待我很親切。

那個時代有許多個性獨特的孩子，大人也不太會加以管束。像我這樣熱愛玩泥巴的小孩，換做是現在大概早就被叫去輔導了。當年的老師雖然不准我翹幼稚園，但看到我捏泥巴球倒也沒限制我。

一開始我怎麼捏也捏不好，後來集中精神、反覆重做，才愈捏愈漂亮，終於在手中搓出圓滾滾又光滑的泥巴球。而我幼小的心靈也領悟到，原來捏泥巴球是有訣竅的。

要怎麼讓泥巴球黑得發亮？只要不停搓揉，就會愈搓愈亮。那要如何讓泥巴球變堅固呢？搓揉時撒些沙子把泥巴球裹起來，覆上一層泥巴繼續搓揉，然後再裹上沙子，反覆幾次就會形成多重結構，變得又硬又堅固。這些都不是別人教我的，而是我靠雙手和眼睛摸索出來的。

鋪上泥巴後搓到光滑，再鋪上泥巴搓到光滑，重複幾次就能做出亮晶晶的泥巴球。我還發現了好用的新材料。我把替草坪畫白線的石灰粉撒在泥巴球表面，泥巴球就更硬了。其實我並沒有去思考為什麼這樣會變硬，我只知道這個方法管用，就學起來當作獨門祕方。回想起來，每當我發現一種祕訣或訣竅時，我都是自己一個人，身邊沒有其他人。

一個人埋頭做某件事，真的很快樂。

讀幼稚園時我也和同學比賽扔泥巴球。雖然只是打打鬧鬧的小遊戲，但我的泥巴球總是遠比別人堅固，令我充滿自信。

我曾經不小心把泥巴球扔到幼稚園教室外的水泥地上，結果球破了。我盯著破裂的泥巴球，望著它的剖面，覺得好像泥巴千層派，那漂亮的紋理怎麼看也看不膩。如果泥巴球只有表面部分剝落，我就會用泥巴把傷口填補起來磨得亮晶晶，讓它煥然一新。

到了傍晚，我會到中庭沙坑挖一個很深的洞，像松鼠把核桃藏起來一樣，將泥巴球埋進去後再從幼稚園回家，隔天又從沙坑挖出泥巴球，接續昨天的進度。心無旁騖，只專注在自己的喜好上——孩子的集中力與精力是無窮無盡的，遠超乎大人想像。

## 擔任學生會長

幼稚園時我應該也有畫畫，但實在沒什麼印象。我小時候大概也不太會畫畫。唯有一幅紅色螃蟹的畫我還記得，構圖是螃蟹從圖畫紙的右上角朝正面跑來。大概是老師稱讚過這幅畫，又或者我自己畫得很滿意吧，唯有這張螃蟹圖令我印象深刻。但畫畫實在不比捏泥巴球有趣，所以我幼稚園時從來沒有熱衷過畫畫。

我進入了當地國小就讀，不過一年級到三年級在低年級教室的回憶幾乎一片空白。國小和幼稚園不同，座位是固定的，還得按表操課。除非休息時間，否則不能隨意跑出教室。照理說跟幼稚園時相比，上了國小變化是很大的，尤其大部分時間都得乖乖待在教室裡，但我還是跟幼稚園時一樣老是蹺課，然後被老師拎回來痛罵一頓。放學後，我就去柔道道場報到，原因很簡單——我想讓自己變得更會打架。

我那模模糊糊、如霧一般的國小記憶，一直到搬家後才鮮明起來。升上四年級沒多久，我就從東京蒲田搬到了橫濱綱島。抵達綱島，以轉學生身分就讀別間國小後，濃霧頓時消散，周遭的風景逐漸清晰。四年級也九歲了，差不多到了懂事的年紀，從此，我的記憶便立體起來。

我的新家綱島位在橫濱市港北區，也就是鶴見川的左岸。因為搬家，我無法繼續前往東京的道場，柔道課便中斷了。在綱島，我加入了壘球隊。搬家令熟悉的環境天翻地覆，有些孩子甚至會因此鬱鬱寡歡，不過對我而言，搬家帶來的變化卻是美好的，彷彿過去的人生都歸零了，可以重新開始。

對小學生來說，轉學生的身分已經夠令人好奇了，再加上我跑操場又快，任何運動項目都難不倒我，所以我更是出盡鋒頭。四年級的功課也不難，只要認真聽講，就能在課堂上吸收，因此轉學後我每科成績都拿頂標，還進入了學生會，六年級時獲選為學生會長。

我雖然是個不合群的小孩，但性情並不怕生，也不排斥在眾人面前演講，因此我很享受擔任學生會長的那一年。要是我住蒲田時的朋友知道了，肯定會大吃一驚——真是「男大十八變」啊。不變的是我對運動的熱情，應該說我變得更愛運動了，就連放假我也要偷偷跑去學校體育館，做墊上運動或打籃球。

我讀國小時學校還沒有週休二日，只有禮拜天放假。每到不上學的禮拜天，我就會在清晨四點起床，此時就算打開電視也只有訊號測試畫面。我會耐心等到六點，一到六點就迫不及待衝出家門直奔學校，然後鑽過校門，咚咚咚地敲敲值班室的門，把熟睡的工友叫醒，請他拿體育館的鑰匙給我。

工友早就司空見慣了，他還會親切地泡一杯茶讓我坐一下，再拿體育館鑰匙給我。一早就挖他起床令我很不好意思，後來我得知他愛喝酒，有時就會帶罐裝啤酒去慰勞他。就現在來看，這種互動簡直匪夷所思，但我們一點也不覺得自己做了虧心事，畢竟校規也沒有白紙黑字規定這些事情不能在校園裡做。

工友會分享趣事給我聽。他曾笑著說自己的副業是回收紙箱，一卡車的紙箱可以賣五千日幣。跟我的零用錢比起來，這筆收入多得驚人，如果只是收集紙箱，那我也能輕鬆辦到，我便興沖沖地告訴爸媽將來自己也要做紙箱回收業，他們聽了頭都暈了。

國小時我還有另一個夢想中的職業。六年級時，我立志當「宮大工」，就是挑選木材、透過像槍砲一樣獨特的工具，不靠一根釘子就將神社、寺院建造起來的木匠。自從某次我看了宮大工工作的影片，心裡就很嚮往。將來從事工作，我也要跟他們一樣。大概從那時開始，我對於創作就充滿了興趣吧。

相較之下，我雖然熱愛運動，但國小時卻從沒想過要當運動員或從事相關行業。對我而言運動是無償的，不是用來謀生的。我總會趁星期日早上，在空無一人的體育館練籃球，一邊運球一邊衝刺到籃板下，重複一遍又一遍。即使沒有人在場邊看我表現，也不列入體育成績，更不能賺到零用錢，但我還是樂此不疲。我是因為想練而練，就跟捏泥巴球一樣。

在體育館跑了兩、三個鐘頭後，我才會回家吃早餐。爸媽從未問過我跑去哪裡鬼混，但應該知道我是去學校玩。吃完早餐我會再度回到學校，此時校門已開，同學也來了，我就會和同學們一起玩耍。

我們打壘球、籃球，也做墊上運動和吊單槓，幾乎什麼都玩。不過，我發現跑步對我而言最特別，雖然我的長跑速度已經是全校第一，但還是覺得自己可以跑得更快。我開始調整手臂的擺動、跨步方式以及步伐大小，透過自我摸索來修正姿勢，我喜歡像這樣鑽研一件事。

國小時我對畫畫一樣沒什麼印象，只記得有位同學很會畫畫，覺得自己比不上他。或許這種「不會畫畫」的自卑感中，也隱藏著「真想畫得像他一樣好」的渴望吧。

會畫畫的同學也很會組模型，當時最流行的超級跑車模型落到我手上，不是接著劑漏出來一點，就是車牌貼紙貼歪，上色也不太均勻。而會畫畫的同學就能將每個細節修飾得很完美。那名同學住在我家後面，家裡開洗衣店，現在是平面設計師。

## 立志當田徑選手

我有一名堂哥當過田徑選手，曾加入同樣位於港北區的樽町國中田徑社。他實力超群，還一度打進全國大賽。大概是因為從小認識的堂哥就進過全國大賽，所以我總覺得進軍全國的門檻沒那麼高，樂觀地認為自己也辦得到。樽町國中田徑社的名氣在全國數一數二，雖然位在我家學區以外，但為了進田徑社，我還是特地跨區前往就讀。

開學後的校園生活全都圍繞著田徑社。當時的田徑社顧問渕野辰雄老師是一位非常有名的教練，日後他也擔任劍橋飛鳥選手的教練，培育出一百公尺短跑日本紀錄保持人井上悟選手，以及代表日本參加雪梨奧運四百公尺賽跑的山村貴彥選手。

在學校我都忙著練跑，所以國中三年幾乎沒念什麼書。一九八〇年（昭和五十五年）到一九八三年間，原宿出現了「竹筍族」，「暴走貓」、「漫才」大行其道，但我滿腦子只有田徑。別說不關心時尚了，甚至還覺得在意流行很遜。所以我的打扮要不是制服，就是運動服。

國中時我主要練一千五百公尺賽跑，高中時練三千公尺障礙跑，後來還練了五千公尺賽跑。除了跑步本身很有趣以外，知道自己創下的紀錄的全國名次，也令我雀躍不已。翻閱《陸上競技》月刊就能查到全日本國高中生田徑排行，每個月印在雜誌上的排名和名字令我嚮往，我也拿自己的紀錄去比較，以此激勵自我，但我的紀錄要進入前百大還很困難。當時有位一年級的學弟曾創下全國第一、第二的紀錄，和他一起練習我絕對跑不贏他，光體能就差太多了。由於實在贏不了，我終於發現自己的能力是有限的。

但我還是喜歡跑步。排球、籃球等團隊運動只要與隊友搭配得宜，再加上一點球運，強敵也可能淪為手下敗將。田徑競賽雖然也含有一點運氣成分，但個人實力佔絕大多數，主要是看各個選手能否在當下突破自我極限，換言之所有決勝關鍵都在選手本身的實力上。或許我就是受這種「只靠自己」的運動特質吸引，才對跑步情有獨鍾吧。

## 我的父母

爸爸是個暴躁易怒的人。他是典型的昭和上班族，一早就去公司報到，晚上回家大概也筋疲力盡了，幾乎不太說話，不是安靜地看電視，就是看書。

我四歲時，爸爸再婚了。我和新媽媽的互動說不定都比和爸爸多，但新媽媽跟爸爸一樣脾氣火爆，現在回想起來，我似乎也沒有跟新媽媽相處得多融洽。

國小四年級搬到綱島以後，儘管每天去學校都很快樂，也能盡情活動筋骨，過得開開心心，但只要放學回家，一抵達看得見家門的轉角，我的笑容就會立刻消失，說話也變得有氣無力。因為我根本不想開口說話，原本活潑快樂的小學生，瞬間被另一個沉默寡言的自己取代。說我一回家就成了「繭居族」，恐怕一點也不為過，不過當時應該還沒有「繭居族」這個詞。

上國中後，我與父親已經幾乎不說話了。父親連說教都懶了，完全放任我。直到很久以後，父親才說了唯一一次重話，當年我十八歲，表明自己要進時尚業界。父親聽了只回我一句「這條路你走不了的，應該乖乖當個上班族」。他沒有從各種角度分析為什麼要這麼說，沒有提出根據，更沒有試圖說服我，僅僅丟下一句話便結束一切。這連對話也稱不上。

當時我非常不服氣，父親平時根本不關心我，現在又憑什麼管我？所以我並未因父親的一句話就萌生退意、陷入迷惘。現在回想起來，他大概是想提醒我，當服飾設計師沒有想像中的簡單吧。客觀而言我當然知道很困難，但對年少輕狂的我來說，他愈反對，我就愈叛逆，父親的忠告我一個字也聽不進去。

既然與父親毫無互動，那麼我國中放學後都在家做什麼呢？我要不是窩在自己的房間聽廣播，就是邊聽廣播邊做伸展操或按摩腿部。我也花很多時間保養釘鞋。大概是不想依靠父母吧，我不喜歡他們為我花錢，所以會提醒自己盡量別向他們伸手，也不讓他們買太貴的釘鞋給我。除了叛逆以外，一部分也是因為疏遠。所以我花很多時間保養釘鞋，盡量讓它能穿久一點。

就寢前我會先躺一會兒，閉上眼睛在腦中模擬接下來的比賽。過去的每一場賽事我都歷歷在目，我會根據記憶，想像現在的我該如何跑一千五百公尺障礙賽，然後一邊回憶，一邊從起跑開始模擬：在腦中跨越柵欄、繞過彎道、直線衝刺，怎麼和其他跑者拉開距離，如何搶到好位置……當過去的情景一一浮現，我會反省當初的比賽有哪裡需要改進，檢討應該要換個時機衝刺，思考怎麼做才能刷新記錄，最後在腦海中邁向終點。

現實中參加大賽前，我也會在腦中模擬比賽過程。預賽名單出爐後，我會研究每一位選手的特長，想像比賽將如何發展，然後分析賽程。這跟我親自下去跑是一樣的，我會模擬賽事，絞盡腦汁訂定作戰計畫，讓自己脫穎而出。明明實力根本排不進全國前十名，為什麼還這麼執著想要贏得比賽呢？如今想來還真有點不可思議。

我會選擇長跑而非短跑是有原因的。即使缺乏天分與實力，一旦距離拉長，還是有機會一馬當先。有些在國高中表現不亮眼的選手，靠著日後苦練也能刷新紀錄。而我總覺得比起短跑，長跑更容易達成目標。所以雖然成績始終進不了全國排行，我卻從未灰心，只是平靜、專注地練習田徑，或許這都要歸功於這種心境吧。

我與父母就像陌生人一樣互不關心，日子也就一天天過去了，幸好我有遇到好老師。國中和高中的班導師都是田徑老師，我會進入這些班級想必不是偶然，而是學校刻意安排的吧。

國一時我的身高只有一百四十公分，剛上高中時也只有一百五十一公分。我不僅身材瘦弱，還有嚴重貧血，連國中班導師都叮嚀我「不要練太壯」，因為肌肉可能會抑制骨骼生長，讓人不容易長高。他也告誡我現在不要逞強，等上高中大可以加緊苦練，要學會在專注眼前比賽的同時，考量未來的發展，讓自己保有餘裕。是田徑老師教會我凡事不能一頭熱、冷靜判斷狀況的重要。

我的貧血也讓老師操了不少心。國中時我常常跑完一千五百公尺就當場暈倒，本來以為是練得太拚命，健康檢查後才發現是貧血。有段時間師母還會親自做便當，用肝加菜幫我補血。

## 升上高中

升上國中三年級，田徑社成了我選擇高中的標準。縣立港北高中是知名的田徑強校，讀國中時我也曾經和他們一起練習。我心目中的第一志願就是那裡，問題在於學力測驗。我寫了入學模擬試題，結果考上的機率趨近於零。這也難怪，誰叫我國中三年幾乎沒念書呢？我不僅沒上補習班，也從沒為了考高中而用功，上課時我人雖然對著書桌，課本卻沒打開，在家就更不用提了。同學都已經進入考生模式，我卻滿腦子只想著國三最後的盛事——十二月的接力大賽，然後一個勁地練跑。

想認真考高中的田徑社社員，一般都會在升三年級前退社。至於升高中後也想繼續練跑、對田徑充滿熱情的社員，則會推甄到有田徑社的私立高中，早早決定去處，然後心無旁騖地參加國三最後的接力大賽。

而我兩者都不是。港北高中是縣立學校，沒有田徑推甄制度，照理說我應該想辦法兼顧考試和社團，然而國三的秋天過去了，到了冬天，我還是整天泡在田徑社，照樣過我原本的生活。

接力大賽在一座有坡道的公園舉行。平日我常在後山練跑，因此很擅長跑坡道。我對自己的心肺能力也很有自信，然而多年後，卻發生了一件令我跌破眼鏡的事。

三十六歲那年，我經常呼吸困難，不但咳嗽不止，還咳出血來。員工趕緊帶我去醫院檢查，結果在右肺外側發現一顆良性腫瘤。我的右肺被這顆腫瘤壓迫到幾乎無法呼吸。「這麼大顆應該很久了，可能在你練田徑時就長出來了」醫生這麼對我說。手術摘除後，醫生表示腫瘤被包在囊袋裡，沒有轉移。它長達三十公分、重達七百克，取出後，我那被壓扁的右肺終於恢復通暢。

根據醫生的說法，我高中時全力衝刺後之所以會貧血、暈倒，應該與腫瘤有關。動完手術後我不禁思考，如果兩邊的肺都很健康，那我身為長跑跑者的成績是否會進步？如果我能創下破天荒的紀錄，是不是就不會走上服飾設計師這條路了？

接力大賽順利落幕，我也迎來了國中最後一年。

這下真的得面對考試了。儘管模擬考的成績證明我不可能考上，但我想進港北高中田徑社的決心依舊不變，所以還是報考了港北高中。

到了放榜日，我擠在滿坑滿谷的考生中，抬頭望著告示欄上公布的錄取號碼。我沿著號碼一路往下數，發現了自己的准考證號碼。我還重複確認了好幾次，甚至把號碼唸出來……我竟然考上了。

然而沒過多久，我就明白考上並不代表一帆風順。進入港北高中，開始上課以後，我發現自己完全跟不上課堂的進度。誰叫我要去考一間程度遠超過自己的學校呢？既然如此，只能更專心練田徑了。當時我甚至油生出一股念頭：就算我上課都聽得懂，若將來要當選手，結果不也一樣？

高中田徑社的教練曾透過箱根接力賽，為日本體育大學締造了黃金時代。當年他一邊擔任接力賽教練，一邊在港北高中兼任體育老師。我才剛進入田徑社練跑，剛升上高一，還是個懵懵懂懂的新生，就下定決心「我要讀日體大」。為了那一天，我必須盡己所能，讓港北高中田徑社成為我進日體大精進田徑的踏腳石……

在樽町國中田徑社時也是這樣。我會想像自己即將進入港北高中田徑社，而當下就像在助跑。為了迎接日後的顛峰期，我必須盡力準備——這種「為顛峰期準備」的概念，似乎是我從小養成的思考習慣。

我會長高，也會變壯，對比賽的嗅覺也會更敏銳，成績也會更好。所以我現在不能把自己累垮，要懂得拿捏分寸。進入日體大，我一定可以創下最佳紀錄，然後成為全程馬拉松選手，退休後當體育老師。

雖然一心一意這麼想，卻不是盲目地胡亂衝刺。我的心是熱情的，頭腦卻很冷靜。

## 女朋友

高中三年我都忙著練田徑，但後來還增加了一項興趣，那就是高三之後我開始學習繪畫。原因是我得知了當時女友的哥哥——也是港北高中的畢業學長——進入了美術大學主修繪畫。

女友從小學鋼琴，立志讀音樂大學。她的爸爸是教會牧師，媽媽是幼稚園老師，其中一名哥哥讀美大，另一名哥哥讀有名的私立大學，暑假時會全家一起到長野湖畔的別墅度假，而她是家中唯一的女兒。除了港北高中，她也到橫濱的教會學校學鋼琴。平常她總穿著港北高中的制服，約會時則打扮得古典優雅。身為大小姐，那樣的穿著非常適合她，但我連上了高中都沒想過要花錢打扮，所以兩人站在一起，肯定非常不登對。

我們在元町約會，一起看電影。她大概從小就跟家人玩遍橫濱，吃過各種美食、四處購物、散步……所以我和她不論去哪約會，她都能當我的嚮導。像是「這裡的蛋糕很好吃喔」、「要吃中華料理的話，這間店不錯喔」。一無所知的我就被她拉著，一路拉到了「港見丘公園」。

她爸爸非常反對我們交往。當時還沒有手機，她在家應該是用電話子機和我通話，有時母機突然有人使用，他爸爸的聲音就會傳過來。她媽媽倒是對我很好，還曾經邀我一起去湖畔的別墅玩。在忙碌的田徑生活中，與她交往為我的日常帶來了很大的變化。

然而就在同一年，一切突然毀了。我骨折了，這對田徑選手而言是致命傷。

我在預賽中跌斷了腳踝。但我還是纏上繃帶，一路挺進決賽，結果導致傷勢嚴重惡化。以現在的醫療而言，只要復健得當，還是有機會復出。但我選擇放棄田徑這條路。

考日體大成了無法實現的夢想。過去我一心想成為田徑選手，從沒考慮過其他出路，如今考慮了，卻根本沒做好準備。眼前的路突然一片黑暗。

無法升學的我，到歐洲旅行了數個月。

女友則進入了音樂大學。

兩人從此分道揚鑣。

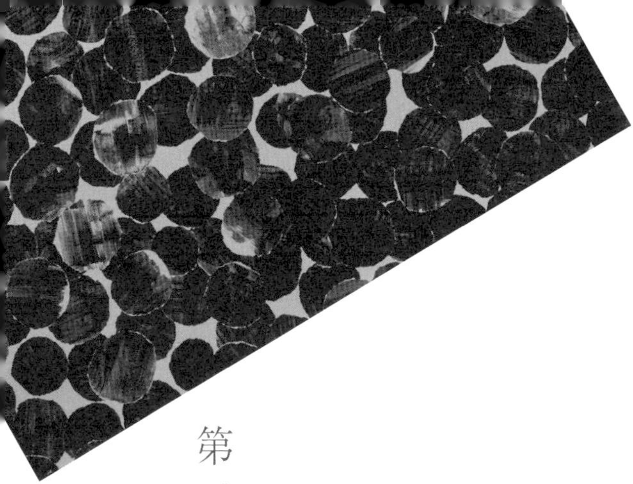

# 第二章 旅程

## 經營家具行的外公外婆

我生母的父母，也就是外公外婆，在神戶與東京經營進口家具行。

外公原本的工作是幫學校、市政廳、法院採購椅子。由於是幫公家機關做事，因此生意很穩定，不必承擔什麼風險，但大概也少了採購各種家具的樂趣吧。某天，外公得知一位好朋友經營的家具行瀕臨破產，便憑著一股熱情向好朋友頂下家具行，做起了家具行的生意。

我去找外公玩時，外公的店主要是賣進口家具，但不曉得是不是接手時就已經在進口了。總之，外公正好在日本經濟最蓬勃時頂下了家具行，那時百貨公司除了傳統家具以外，也開始販售進口家具。外公的新事業跟上時代潮流，便順勢上了軌道——生意有多好自然不難想像。

我仍清楚記得外公在店裡工作的模樣。瞧外公的身影和神情，他一定很喜歡進口家具商這份工作。

店面與倉庫位在外公的家鄉——神戶三宮，以及東京的五反田。引進的品牌包括北歐家具「FRITZ HANSEN」以及義大利家具「Cassina」等等。由於主要販售進口家具，就連傳統日本家具也都以桐木五斗櫃或漆器家具等高級品為主。雖然最大宗的生意是批貨給百貨公司，不過在五反田TOC（東京批發中心）的八樓和九樓中，外公也於八樓規劃了一塊零售店面區，服務一般民眾。

父母離婚時，我跟姐姐的監護權歸爸爸，爸爸似乎訂了小孩二十歲成年前，生母不得探望的規定，但那時我的根本不曉得有這回事。不過，爸爸倒沒有限制我見外公外婆。上小學前，奶奶還曾經牽著我的手，帶我去五反田的TOC找外公外婆玩。

外公的身材在當時算很高挑，他總是穿著整整齊齊的西裝，戴著帽子，既摩登又瀟灑，外婆則永遠穿和服。在外公外婆的歡迎下，到滿是漂亮新家具的地方玩耍，令孩提時的我興奮不已，還覺得家具的味道很好聞。

外婆讓我坐在皮革沙發上，告訴我「這是牛皮沙發」，接著又讓我摸了摸材質，說：「這叫犢牛皮，是用小牛的皮革鞣製而成的，摸起來很軟對吧。」

「漆器可以用幾百年都不會壞喔」、「舊桐木五斗櫃只要磨一磨，就會跟新的一樣」外婆對我說這些話時的語氣，我到現在都還記得。

與外公外婆相處久了，這種跨越時空、代代傳承的價值觀，便跟著深植我心了。

外公外婆還會帶我出門吃午餐、買生日禮物送我、過年發紅包給我。在我這個小孫子心目中，外公外婆非常有錢，開很大的店，只要我去找他們，他們就會買所有我想要的東西給我，所以我每次去玩都很開心。四歲時的我根本還不懂「為什麼見不到親生媽媽」，也不曉得那是什麼樣的情緒。

後來我才知道，媽媽會悄悄跑來店裡偷看我跟外公外婆互動，而我卻渾然不覺。新媽媽不會反對我見外公外婆，反而會送我過去。爸爸則因為忌諱前妻老家，始終不聞不問。等我再大一點，明白父母離婚的意義後，我才開始迴避他們。即使和外公外婆見面，回家後我也不再開心地提起。生日時外公外婆買手錶送我，我也沒說「這是我收到的禮物」，他們也沒問「那支手錶是哪來的」。

外公的家具行在我升上高中時，變成了有多間相關企業的大公司。不但開始生產原創家具，在各地也建立了銷售據點。

但凡事不可能一路順遂。原本供貨的國外家具商似乎想成立跨國公司，有了直銷管道，外公店裡的生意肯定會一落千丈。而一旦出現虧損，就會接著陷入惡性循環，因為家具是坪效最差的商品。

高中時，外公曾向我解釋什麼是「坪效」。他說——與其他商品相比，家具需要更寬敞的店面空間，考量到租金與營業額，家具的利潤其實不高。這段說明除了是外公對自己工作的客觀剖析，或許也包含了他將這份困難事業發展起來的驕傲吧。即使家具行利潤不高，但他就是喜歡，所以一頭栽進去。外公那份堅定的信念，如今依然存於我記憶中，未曾消失。

## 前往巴黎與外公過世

外公在我十八歲飛往巴黎的當天過世了。

那年是一九八五年，廣場協議剛簽訂，日圓一路飆昇，開啓了日本泡沫經濟的第一年。外公非常反對我去巴黎。他認為我只有高中畢業，連大學都沒念，怎麼可以漫無目的去巴黎混日子呢？他還火冒三丈地打電話給爸媽，質問他們為什麼讓我出國，試圖阻止我去巴黎。我雖然尊敬外公，但不論他說什麼我都心意已決，何況我也找不到理由讓自己放棄。外婆則選擇默默守護我，不干涉我的志向。

外公外婆的家位在大田區洗足池，對面恰好住了一戶法國家庭。我跟外婆說想學法語，她不但鼓勵我「想學隨時都能開始」，還去和法國鄰居打招呼，拜託他們教我法文，對方也一口就答應了。那段日子我就在白天登門拜訪，向法國太太學習法語。

快去巴黎前，我也到語言學校「Athénée Français」上了短期的法語課程。除此之外就沒有特地準備了。大概是因為我雖然愛操心，但骨子裡仍很樂觀吧。雖然我還是有翻一下《地球步方》等旅遊雜誌，但心裡總覺得船到橋頭自然直。現在我依然熱愛旅行，也去過不少未曾造訪的國家，但行前一樣很隨性，不會刻意做功課。

我搭乘機票相對便宜的大韓航空，從成田飛往巴黎，在安克拉治轉機。依照預定抵達巴黎後，才剛打國際電話報平安，話筒另一頭就傳來「外公過世」的消息。外公突然在店裡昏倒，死因是心肌梗塞。

突如其來的噩耗宛如五雷轟頂，令我幾乎一蹶不振。除了震驚與悲傷，一股沉重的心情也油然而生——難道是外公要阻止我去巴黎？那種感覺就像外公死命拉著我的手不放。但我知道外公是病倒的，一切只是我胡思亂想、是我自己嚇自己罷了。

然而我並不覺得自己對不起外公，因為我認為總有一天外公一定會理解，也相信外公懂我。

外公家——山本家有不少成員都與繪畫界、設計界有關。生母離婚後進入了女子美術學校學習繪畫，大舅舅則是日本畫家。

高中以前我只顧著苦練田徑，直到高三才開始學習繪畫。如今回頭看，才發現其實我對畫畫一直頗有興趣。

你應該有繼承到山本家的天賦喔——這是日後大我一歲的姊姊對我說的話。比起美術和設計，姊姊更喜歡音樂，她從高中就加入熱音社，用吉他和鋼琴彈奏時下最流行的松任谷由實、南方之星的歌曲。比起繪畫，她更愛音樂。後來姊姊進入日本女子體育大學主修幼保科，成了保母。

我受到女朋友影響，高三開始到專攻美術大學的繪畫教室報到，但我只是想多少學一點畫畫，而不是為了考美術大學。我沒有加強美大會考的術科，也完全沒用功讀學科。就在腳踝骨折導致我無法上日體大、前途一片迷茫時，我偶然得知法國有一所叫做「國立高等美術學院」的藝術學校，這所學校撩動了我的好奇心，令我想一探究竟，瞧瞧法國的美術學校是什麼樣子。於是我冒出一個念頭：「誰說一定要在日本讀書呢？」憑著一股熱血，我決定先去法國看看再說。

爸爸與我在平日已毫無互動，他大概也對我不抱任何期望了吧。那種感覺就像——

他在刻意疏遠我。我明白自己不論說什麼，他都會無動於衷，於是轉而告訴媽媽自己想去巴黎。媽媽願意幫我出部分旅費，但金費還是遠遠不足。於是我等不及高中畢業，就到家庭餐廳Denny's打工當服務生，連大夜班都排了。

我想趁夏天去法國，所以一定得在夏天以前存夠錢。總之我先定下了這個短期目標，但去法國並非長久之計，未來還是得想想自己到底要做什麼，而答案也不可能一去法國就能找到。身邊的同學都紛紛考上大學，即使沒考上也已展開重考生涯，訂好了下一年的目標。我與女朋友之所以分手，跟我沒有下定決心找出具體目標也有關係吧。

準備的日子一天天過去，隨著出發日期逼近，我也愈來愈覺得自己落於人後。或許我根本是想藉由離開日本，去逃避這些煩惱吧。

## 巴黎、羅浮宮

透過代辦短期留學的旅行社，我找到一間寄宿家庭落腳。地址位在巴黎近郊的凡爾賽鎮，屋主是一名老太太，有兩個兒子，專門做寄宿家庭的生意。

跟我同樣寄宿在這裡的還有兩位年輕人，一位是義大利人，另一位是奧地利人。兩人雖然都在上語言學校，但義大利人本來就是拉丁民族，靠著對法文的語感就能和老太太一家聊天，而奧地利人同為歐洲人，溝通起來也無大礙，比我流暢許多。我雖然在日本學過初級法語，但實際的溝通、對話卻沒那麼簡單，因此才剛抵達法國，就有種被世界遺棄的感覺。雖然我認為船到橋頭自然直，但在語言不通的高牆下，一切都很困難。糟了、完蛋了……種種憂慮令我手足無措。

在這樣難熬的日子裡，每天我都會去羅浮宮美術館。

只要出示學生證證明年齡，門票幾乎免費，於是我開始天天報到。在美術館不需要與任何人交流，可以一個人安安靜靜地欣賞美術品。如此豐盈、沒有一絲不安，讓羅浮宮美術館成了我的歸處。如今回想起來，十八歲時每天參觀羅浮宮的經驗，對日後的我而言就像降在山林裡的大雨。雨水浸潤山林，滲透到地下水脈，最後從地表湧出。是羅浮宮灌溉了我，賦予我日後的靈感。

羅浮宮中最令我流連忘返的是埃及藝術，不論參觀多少次都不會膩。如此完美的玻璃工藝，以及壁畫上耀眼的白，竟然早在西元前就完成了。用於壁畫上的顏料過了近五千年仍保存良好，未曾變色。以現在的技術以及人力，恐怕也很難做出那樣的藝術品。不過，比起埃及藝術之美，古埃及人的創造力更令我動容。

埃及人的日常用品深深吸引了我。農耕用的犁、樂器、化妝品、筆記用品、雕刻刀、碗、籃子、椅子等等，都是依據生活需求而創造出來的，造型也很簡約優雅。西洋繪畫固然令人驚艷，但還是埃及、非洲、大西洋的展示品永遠看不膩。

## 協助籌備時裝秀

在我上的語言學校，有一位來巴黎學語言的前JUNKO KOSHINO員工。雖然她已離職，但還是會來巴黎時裝週協助參展。因為人手不足，她便問我要不要去幫忙。

巴黎時裝週的打工薪資對當時的我來說高得驚人。那時全球景氣正旺，日本服飾業也跟著如日中天，根本不必擔心衣服賣不出去。可以想見，時裝週一定會忙得不可開交。不過與其說是工作內容吸引我，倒不如說是打工薪資優渥才讓我決定幫忙。畢竟當時我也正考慮離開巴黎，前往歐洲其他都市旅行。

我負責的工作主要是調整服裝長短，讓模特兒穿得合身。在巴黎時裝週準備期間，試鏡的模特兒會換上服裝，接著便會有人指示「這裡再短一點」、「把這裡縫死」，而我則按照指令縫補。

我從來沒縫過衣服，上次做針線活是在小學的家政課，而且還縫得不怎麼樣。但我也只能拚命完成任務。

隨著我每天去打工，裁紙型的打版師開始漸漸會找我聊天。他現在也還在JUNKO KOSHINO工作，與我一直有來往。從這份打工算起的話，我們也認識超過三十年了。每當minä perhonen舉辦展覽，他就會帶太太一起來捧場。

當時身為打版師的他告訴我：「如果想學時尚，可以讀文化服裝學院夜間部，白天工作、晚上念書。要是想來我們這邊打工，就隨時過來吧。」我想他當時也只是隨口一提，但不知道為什麼，聽到這句話後，我的心裡泛起了陣陣漣漪，出現了某種化學效應。我開始認真思考自己是否要學習時尚，是否要繼續在時尚產業打工。

我的縫紉技巧絕不算好，錯誤也是一犯再犯，必須花許多時間才能掌握。但反過來說，我認為這樣的工作才能做得長久，正因為做不好，才更能堅持下去。這種想法或許很奇怪吧。從技術跟職涯發展的觀點來看，一般都會覺得勉強自己待在不擅長的領域，不僅效率差、壓力又大，學到的東西也很少，但我當時並不這麼認為，我理所當然地覺得就是因為自己不擅長，才能一直堅持下去。

我花了一、兩週的時間，持續做著別人能輕易辦到、自己卻做不到的事情，終於逐漸上手。這個過程跟變化遠比想像中的還有成就感，進步的喜悅更甚於辦不到的自卑感。在巴黎時裝週打工的兩個禮拜，我親身體會到這種感覺。不過，很大一部分要歸功於JUNKO KOSHINO的工作人員即使忙碌，依然不厭其煩地跟我講解。

我因為做太慢，回過神來已經錯過末班車，來不及回家。打版的人以及核心成員勸我乾脆住下來，我便在JUNKO KOSHINO租的公寓挑了間空房打盹。隔天起床後來到客廳，小篠順子女士已經煮了粥給大家當早餐，我便與核心成員一起開動。他們並沒有因為我只是來打工的就嫌棄我，我坐在他們之中，默默吃了起來。我對時尚一無所知，面對這種場合難免戰戰兢兢，因此不太敢說話，只是安靜地坐著吃飯。不過，用餐時的所見所聞每一樣都令我興致盎然，儘管我只是默默和大家坐在一起，收穫卻不可同日而語。我一面想著：為什麼我會在這裡呢？一面努力將當下的見聞全部吸收起來。

到了巴黎時裝週當天，就在我於後台努力跟上各種指示時，走秀開始了。那年小篠女士的設計融入了大量宇宙、太空元素，模特兒的服裝內縫了不少螢光棒，上伸展台前將螢光棒一一折斷，就會產生化學效應、發出鮮豔的螢光。當身材高挑的漂亮模特兒穿上這些衣服步上伸展台，高朋滿座的觀眾席立刻爆出掌聲與喝采。儘管我一直都在參與準備，但實際呈現的秀仍令我驚艷不已。眼前所有會動的東西、傳入耳中的音樂、觀眾的喝采以及掌聲……一切都與過去我接觸的世界截然不同，令我非常激動。這個世界太奇妙了！驚訝之餘，我知道自己心中某種未知的感性被啓迪了。

自從骨折而放棄田徑以來，我一直在思考失去目標後該何去何從。沒了目標，自然也看不見未來，道理我都明白。但那扇通往目標的門到底在哪呢——我連門的位置都不知道。

距離這次巴黎打工到我創立品牌之間，我從事了好幾份工作，每份都是別人問我「要不要來幫忙？」後開始，而不是我自己找到門後撬開的。因為那些門跟牆壁長得一模一樣，也沒有門把，但當我站在牆壁前，做完我該做的事後，原以為是牆的門就從另一側打開了，接著門內的人便向我招手，問我：「要不要進來看看？」

當我順著機遇去發展，自然而然便遇到了下一個機遇。憑著年輕氣盛一鼓作氣向前衝，跟接受經驗豐富的老前輩提拔，兩者是截然不同的，這點無庸置疑。一般來說，大家都覺得前者才是「由自己開拓未來」，而後者不過是聽別人的話試試看，說穿了就是運氣好罷了。

但是仔細想想，真的是自己最瞭解自己嗎？或許別人的眼光更精準，甚至比自己還要懂自己？距離在巴黎從事第一份打工至今已超過三十載，如今我又重新思考起這個道理。或許當年我幾乎什麼也沒想，只是順著機遇，一面驚訝一面乖乖做事。但如今我依然很感謝對方找我打工，而我也想成為能夠提拔後輩的人。

不論如何，這份因緣際會下的打工，令我有了社會經驗，明白工作是怎麼一回事。在工作的過程中，一點一滴、親身體會工作的意義——對我而言，這就是工作的真諦。

## 前往西班牙

這趟巴黎打工行讓我獲得了一筆意料之外的收入，於是我決定去西班牙旅行。巴塞隆納、馬德里、托雷多……好多城市我都想親身造訪。

我從巴黎搭上地鐵，在前往巴塞隆納途中，遇到一位單腳裝義肢、年約五十多歲的老先生上車。我看他放行李有些不便，就幫了他一把。不一會兒，老先生問我：「你要在哪下車呀？今晚有地方住嗎？」我說自己打算在巴塞隆納的青年旅館留宿，老先生又說：「不必住那種地方，我幫你訂飯店。」於是抵達巴塞隆納後，我便與他住進同一間飯店。

抵達飯店當晚，老先生邀我去喝一杯。如今回想起來，他帶我去的地方八成是巴塞隆納的紅燈區吧？老先生熟門熟路地帶我到一個像應召站的地方，接著和一位應召女郎似的女子熟絡地聊了一會兒，兩人便一道離開了。到這裡我心裡已經有底了，但十八歲的我並沒有相關經驗，一個人愈想愈害怕，便默默回到飯店。隔天早上，我沒跟老先生打招呼就獨自離開了飯店。看來偶遇也不盡然都會遇到好人。

巴塞隆納的物價不像巴黎那麼昂貴，便宜飯店住一晚只要一千日幣左右。一隻烤全雞加上沙拉與湯，頂多也只需五百日幣。只要不去城郊或太偏遠的地方，在市內都能過得很愜意。

在巴塞隆納旅行時，最令我震撼的非建築師安東尼・高第（Antoni Gaudi）的聖家堂莫屬了。聖家堂遠比想像中的更壯觀，據當時的導覽所示，聖家堂因為建築規模太過龐大，得歷時超過兩百年才能竣工。我試圖去理解它的意思，無奈這已遠遠超乎我所能想像，畢竟施工所需時間已超過人的一生，甚至得跨越世代延續下去。像教堂這樣的建築固然具有神聖意義，但聖家堂的施工以及對完美的追求，早已不同於普通教堂，而是擁有截然不同的高度。當我抬頭遙望，彷彿看見了人類追求極致的渴望，以及對建築藝術全然的信任。

我在馬德里還參觀了畢卡索（Pablo Picasso）的畫作《格爾尼卡》。而普拉多美術館裡展示了好幾幅哥雅（Francisco Goya）的代表性畫作，他的畫裡散發出一股恐懼，還記得當時我一面觀賞，一面思索著這股恐懼是打哪來的。跟在巴黎比起來，我在馬德里更有興致欣賞繪畫。至於為什麼，我自己也不知道，就好像被蠱惑一樣。畢卡索與哥雅的畫作就是如此具有魔力，讓人無法自已。

托雷多的城鎮、建築物與風景不管怎麼看也看不膩。這裡的時光彷彿還停留在中古世紀，長年來仍保有洗鍊的阿拉伯文化，以及「大馬士革鑲嵌」等傳統工藝品，但另一方面，鎮上也有不少像陶偶一樣極其簡約的藝術品。這些老舊事物能與現代調和，代表該城鎮和居民都擁有寬大的胸懷。這裡的人一定很喜歡老東西吧？我已經忘記當時的自己是否這麼想，但如今追溯記憶，總有這種感覺。

其實我本來並不那麼熱愛旅行，也不習慣坐火車到處遊歷。但打我從巴黎搭火車前往西班牙，接著又回到法國市內的波爾多，反覆幾趟下來，我發現自己已經愛上旅行了。現在我也會空出時間旅遊，或許是當年這趟旅程，培養出現在熱愛旅行的自己吧。

我在巴黎也曾經露宿街頭。當時我突然冒出一個念頭：在協和廣場的長椅上睡一晚，不曉得是什麼感覺？便打電話通知寄宿家庭今晚不回去。其實我也沒什麼特殊目的，就只是想像了一下露宿街頭的感覺，然後決定試試看。如果是剛抵達巴黎時的我，肯定不敢這麼做。只不過，在八〇年代中期左右，歐洲的機場和舞廳常有恐怖攻擊事件，警備都很森嚴。我在協和廣場的長椅上睡下後，突然被一個男人叫醒。睜開眼，發現機關槍口正對著我的眼鼻。我嚇了一大跳，原來我被特勤隊當成可疑人物，必須當場離開。既然睡不了公園長椅，我只好沿著樓梯走進地鐵。末班車過後，車站的鐵門就會拉上，不過鐵門前還有一段樓梯平台，那裡逗留了好幾名流浪漢。我心想待在這裡應該就沒問題了，便與他們一同睡到早上。

在巴黎與周邊列國旅行時，我開始有了一闖時尚界的念頭。

美術就不學了，為了將來能進時尚產業，我決定先從具體方向著手，這樣的想法愈來愈堅定。我要在隔年春天進入文化服裝學院，在那裡學習時尚，紮紮實實地累積裁縫實力。回國後，我就要著手準備。

## 回國

我回國了，父母來成田機場迎接我。

爸爸一看見我的臉，就說：「你變了！」

或許是盛夏豔陽將我曬黑了吧，但我猜他指的並不是膚色的差異。雖然有點自吹自擂，但我膽子變大了，大概是膽量從神情、態度中顯露出來了吧。

回家途中，爸爸在車上問了我很多問題。當時沒有電子郵件，國際電話也很昂貴，因此父母對我在法國的際遇幾乎一無所知。我將自己在巴黎時裝週幫JUNKO KOSHINO打工的事告訴他們，爸爸非常驚訝，問我：「你是怎麼做到的？」聲音中流露出喜悅。大概是看我第一次一個人去歐洲，見我回國後的模樣與態度，認為這趟旅行去得很值得吧。我把這短短一個月內經歷的事，自己整理一遍告訴他，儘管敘述得有些破碎，但我還是頭一遭像這樣跟爸爸交流。

由於在我抵達巴黎那天，外公去世了，回國後我便經常去洗足池的外婆家，陪外婆一起吃飯，告訴她我在旅途中遇到的事。

我也再度回到Denny's打工。畢竟春天進文化服裝學院就讀要繳學費，而且我還想利用假期再去歐洲。剩下這半年，我想拚命打工，認真存錢。我安排了晚上到早上的大夜班，白天就去外婆家玩。

回國後我養成了一個新習慣——讀《流行通訊》、《Hi FASHION》等雜誌。我每天翻閱，想像著自己要在這個業界闖蕩，將雜誌的每個角落看了一遍又一遍，文章也都仔細詳讀。但我並不想當設計師。見到小篠順子女士後，我實在無法想像自己變成如此燦爛耀眼、像藝人一樣站在鎂光燈下的人。我想當裁縫師，在幕後支持時尚業界。

旅程中，我發現自己其實沒那麼膽小，也發覺自己雖然不擅與人溝通，卻喜歡親近人，也容易與人打成一片。我就像一隻野貓，那種只要蹲下來對牠伸出手，就會湊上去用頭磨蹭，讓人類撫摸牠的野貓。

其實早在國小時，我就展現出這種特質了。禮拜天早上我會去值班室，請校工幫我開體育館的門，喝校工幫我泡的茶，帶啤酒去慰勞他。我向人求助，也思考該如何討人歡心。現在我也經常拜託不同業界的人協助我，大概就是從這種性格延伸而來的吧。

有些生意看似困難，但只要憑直覺談談看，往往都能有不錯的結果。這大概也與十幾歲時我的行動力有關吧。

不過實際開工後，主要還是得靠工作室同仁們鼎力相助就是了。

# 第三章 學習

## 文化服裝學院夜間部

高中畢業一年後的四月，我進入了新宿的文化服裝學院就讀夜間部。這是在巴黎時，由JUNKO KOSHINO打版師推薦的學校。我比應屆上大學的同窗們晚一年才起跑，但神奇的是我並不自卑，卻也沒什麼自信。畢竟這一年來，我也不過是到歐洲稍微走馬看花罷了，因此我希望上文化服裝學院修習專業的時尚課程，讓自己先有一個立足點。

在文化服裝學院夜間部，我必須於一年級學習畫設計圖以及縫襯衫等基礎課程，二年級再選擇專攻設計科或打版科。

我一點也不想成為設計師。自從目睹過小篠順子女士於服裝秀的最後登台，沐浴在聚光燈及喝彩聲下的風采，我便知道「自己不可能像她一樣」。我無法把那光鮮燦爛的模樣與自己聯想在一起。

即使當不了設計師，像裁縫這類專業技術，只要肯花時間努力，就算沒有天分，也有辦法專精。設計是從無到有的工作，打版則是將設計發揮到極限，透過紙型讓設計立體起來。我很清楚後者這項工作更適合我，因此我毫不迷惘。

文化服裝學院的夜間部一年級約有三十名學生，男性不滿兩成。每週上三堂課，我記得是週二、週四、週五的傍晚六點到八點半。夜間部跟立志進時尚產業的日間部不同，這裡有些學生也在其他大學上課，有些則是為了學會自己做洋裝而來就讀。年齡層分布也很廣，每個人都有不同的背景及動機。

其中一位同學家裡是布料批發商，在學習院大學主修物理學。他為了將來繼承衣缽，決定從時尚基礎學起，便跑來讀夜間部。我跟他感情不錯，漸漸成為好朋友。多年以後他還成了我的同事，與我一起在minä perhonen打拚。當年文化服裝學院的同窗，後來竟然走在一塊，真是誰也料想不到。人生果真充滿驚喜。

沒有課的日子，我就到中野區鷺宮的成衣廠，從早上班到傍晚。

這間位在鷺宮的成衣廠，是我四處尋找裁縫工作時，在打工情報誌上找到的。雖說是工廠，但到當地一看，才發現那裡由公寓一樓數個房間打通而成，員工便在廠裡剪裁布料。我邊學邊做，沒有任何疑問或不滿，反正動手就對了。我負責的工作不是縫製，而是將布料按照紙型剪下，這份單純的工作令我做得渾然忘我。

開始上學，也開始到工廠打工之後，我再次體會到自己的手有多笨拙。包括文化服裝學院出的功課，我怎麼縫都不滿意，甚至得請同學幫我縫。就連縫個口袋，順序也老是記不住，縫到一半就忘了自己在縫什麼。如果是一般人遇到這種情況，都會覺得自己不是走這行的料吧。

但我在立志進時尚業時便下定了決心「絕不放棄」。

我之所以挑戰不擅長的行業，是因為我相信只要持之以恆，花幾十年而非幾年打拚，總能做出一番成績。如果半途而廢，那我的人生豈不是變得很無聊、很廉價嗎？比起遭遇重重困難甚至飽受批評，自我放棄更加可悲。

這樣的想法至今依然存在我心中，始終不變。剛創立品牌的前幾年，我根本無法以時尚養活自己，但我還是憑著「絕不放棄」這個單純的信念與自覺，到魚市場打工果腹。我怕自己萬一動搖，未來只會愈來愈迷惘，怕自己一旦放棄，就會落入失敗與挫折的循環裡，一事無成。

或許是因為有過國高中六年來練田徑的經驗，即使再辛苦，我也咬緊牙關撐了過去。教練總是告訴我，人的潛力是慢慢激發出來的，他看的不是今天或明天的成績，而是以田徑選手的成長曲線、以長期觀點來訓練我。結果，我的成績真的愈來愈好，雖然最後我並未創下新紀錄，沒有留下令人讚嘆的好成績，但我知道自己成長了許多。所以我也想像著自己將在時尚業慢慢成長，這樣的信念支持著我。

## 成衣廠

在成衣廠，我見識到了裁縫師俐落的手藝。他們將上百枚布料疊起來，用錐子狀的銳利裁刀一口氣裁開。用剪刀剪的話布料容易跑掉，錐子狀的裁刀就能垂直切入，像巨大開罐器一樣，把布料慢慢切開。他們的動作沒有一絲遲疑，精準地裁剪布料，切面整齊俐落。我埋頭苦幹，嚮往著能和他們一樣厲害，卻又不曉得自己做不做得到。

負責裁切的員工約有十人，負責縫製以及「整合」修飾的員工共有約三十人。裁布時，必須將三公尺長的布料鋪在大桌子上，放上紙型，全程站著手工裁切，有時也會使用類似電鋸的電動裁布刀。因為多少有些危險性，又是體力活，所以大多由男性負責。

這裡生產的是皮爾卡登（Pierre Cardin）、紀梵希（Givench）等歐洲名牌服飾，也就是「高級成衣」。我原本就知道這間工廠負責做高級成衣，所以才挑這裡。既然要做，就要做好一點的。

因為是名牌，所以剪裁必須非常精準，即使只有數公釐的偏差，也必須作廢。將數百塊布料疊在一起裁切時，裁刀必須磨得非常鋒利，才能將頂端和底端切得分毫不差。如此鋒利的裁刀只要輕觸布料，光是靠裁刀本身的重量就能將布料一刀兩斷。

但有時即便再小心，還是會有些微差異。此時縫製的人就會嚴格篩選，把差了一點的布料退回來。若是上百枚布料作廢可就虧大了，所以裁布機不會交給我這種菜鳥操作。一開始我負責用電動裁布刀裁切不太會易位的棉麻布料，像絲綢這類柔軟的布料容易跑掉、裁切難度高，因此都是交給技藝純熟的人。後來我慢慢累積經驗，技術愈來愈好，主管終於也把裁切絲綢等柔軟布料的工作交給我了。

這份工作從早上八點到晚上七、八點，時薪在當時是六百日幣。有課的日子便提早到五點下班，每個月大概可以賺將近十萬日幣。從一九八六年尾開始，日本正式進入泡沫經濟時期，成衣業店員只要提出申請，就能向公司借到高級轎車，銀行菜鳥員工光獎金就超過百萬日幣……這種景氣熱翻天的新聞滿天飛。

在那個景氣蓬勃的時代，兒子卻窩在鎮上的成衣廠邊打工邊上專門學校，不曉得爸爸當年做何感想。他雖然沒有否定我的工作，卻也從沒問過我薪水，大概是對我的將來不太抱有期望吧。由於薪水沒辦法養活自己，所以我依然和爸媽住在一起，但彼此卻沒什麼交流。

學校位在新宿，每當晚上的課結束，總有同學要去狂歡。整個社會都沉醉在泡沫經濟裡，我也曾應邀去過一兩次迪斯可舞廳，但那裡讓我覺得很不舒服，一點也不好玩。因此我沒有養成泡夜店的習慣，就連現在也不去卡拉OK或酒吧。

在工廠上班，原本就不是為了賺大錢。不過，儘管經濟不寬裕，每個月我還是會奢侈一次，到目前仍在代官山營業的「Madame Toki」法國餐廳享受美食。

當時，「Madame Toki」附近有一間JUNKO KOSHINO的男裝店。打版部長曾因為忙不過來，找我去店裡臨時幫忙一陣子。特賣時他也會帶衣服來給我，總是時時為我著想，非常照顧我。男裝店地下室開了一間義大利餐廳「Bianco nero」，部長曾請我去那裡吃飯，從此我便愛上了西餐。而法國餐廳「Madame Toki」就在男裝店附近，後來我就自己去吃了。我還記得在那裡第一次嘗到希農產的葡萄酒，令我心醉神迷，想不到葡萄酒的國度如此美妙。

在工廠上班時，我每個月會去一次「Madame Toki」，其他日子就靠立食蕎麥麵或吉野家解決。當時我大概十九、二十歲，從那時起便愛上了美食，現在每個月也會挑兩三天去喜歡的餐廳。每天吃大餐身體當然會吃不消，但偶爾來一頓好料，對我而言是活在世上最美妙的體驗之一。

## 初次造訪芬蘭

就讀文化服裝學院的隔年二月，我到了芬蘭和瑞典旅行。這是我與北歐的初次邂逅，想不到一轉眼就過了三十年。

讓我與芬蘭結緣的是marimekko。外公、外婆經營的進口家具行曾引進marimekko的布料供應給百貨公司。Marimekko的設計明亮大膽、華麗，得知是芬蘭品牌後，我就一直將這名字放在心上。我對芬蘭其實不太瞭解，對北歐各國的地理位置、差異、特色也一無所知，但還是決定先去芬蘭看看。

我到青年旅館登記會員，買了能環遊歐洲鐵道的歐鐵通票。由於JUNKO KOSHINO的打版師邀我到巴黎時裝週幫忙，於是我將最終目的地設在巴黎。一九八七年一月，我買了最便宜的俄羅斯航空機票，飛往赫爾辛基。我打算先在芬蘭與瑞典旅行，接著用歐鐵通票搭火車和船去荷蘭、倫敦，最後進入巴黎協助JUNKO KOSHINO

參展，然後歸國。

我並沒有詳細規劃在芬蘭的旅程，只決定先去國內最冷的地方看看，便把目標放在北極圈的城市羅瓦涅米。當時正值嚴冬二月。

開往羅瓦涅米的列車上，我肚子餓了，一群正在用餐的芬蘭人向我招手，分了些食物給我。他們笑容可掬又靦腆，獨特的氣質令人倍感親切。就連我這樣來路不明的東方臉孔，他們也願意接納我。列車外天寒地凍，我卻因為他們而覺得好溫暖。

抵達車站，下了列車，寒意立刻撲面而來，臉頰、鼻子、耳朵都快凍僵了。這一區含括在原住民薩米人的文化圈內，歷史非常悠久。嚴冬期的北極圈只有負三十五度，如此冰天雪地的盡頭，竟然也有青年旅館。除了我以外，還有另一人留宿，他是一位正在環遊世界的美國退休教師。我自然而然向他打了招呼，結伴展開北極圈之旅，接著他又前往下個目的地旅行去了。

我則繼續留在羅瓦涅米，每天泡在圖書館裡。當時我還不知道這間圖書館出自阿爾瓦・阿爾托（Alvar Aalto）之手，甚至連阿爾托這個芬蘭建築大師的名號都沒聽過。但因為這所北極圈圖書館太舒適，我便待了下來，在這裡尋找喜歡的畫冊。

我找到了索伊莉·瑪亞利（Soile Yli-Mäyry）這位芬蘭女畫家的畫冊。她的抽象畫以人形般曖昧模糊的輪廓構成，搭配紅、橘等鮮豔油彩，奇妙的是畫冊裡出現了日文。我滿腹疑惑地翻到版權頁，原來這是神宮前華達琉美術館出版的畫冊。

畫冊裡有一段話，令我至今仍記憶猶新。

「任何人都能成為藝術家，卻可能窮極一生也無法創造藝術。」

即使身為藝術家，也未必能創造藝術。這句話道盡了對藝術的崇拜及敬畏，令我難忘。我時不時便會想起這段話，以及芬蘭圖書館沉靜安詳的氛圍。

前往赫爾辛基港口後，我來到一間只有冬季才停泊的船上咖啡館。當時的貨幣還不是歐元，而是芬蘭的馬克。僅僅百元日幣，就能喝上一杯咖啡。悠閒如我，便在咖啡館一邊品味咖啡，一邊觀察來來往往的行人。當時沒有功能型手機，更沒有智慧型手機，與外界斷除聯繫的我一個人默默眺望著異國的冰天雪地。

不知不覺間，我和船上的員工們聊了起來。由於我只點了咖啡，他們便拿了些食物給我，要我多吃點。後來還乾脆叫我去廚房，每天請我吃伙食。離開赫爾辛基時，我們都很捨不得彼此，他們還送我固定船繩的滑輪當做禮物，滑輪上附有刻了店名「Helga」的吊牌。為什麼送我這個呢？原因之一當然是希望我記住這家餐廳，再來就是想對年輕的我勉勵一番吧。即使沒說出口，他們的心意我也收到了。那個附帶吊牌的滑輪，現在我也好好地收藏著。

終於到離開芬蘭的日子了。這次我不走陸路，打算搭船前往瑞典，卻因為迷路趕不到碼頭而差點錯過航班。我趕緊詢問路人，對方一聽大驚失色，立刻開車載我去預定要搭的船隻停泊的碼頭。芬蘭人雖然內向，但大多熱心助人，好幾次我都深受芬蘭人幫助。最後我終於臨門一腳趕上航班，船隻不久便悄悄駛離港口。

後來我又去了好幾次芬蘭，對我而言那裡已經是第二個家鄉了。

## marimekko

芬蘭的旅行經驗深深影響了我日後的設計工作。

在赫爾辛基，我去了marimekko的店面。這就是外公外婆家具行進口的marimekko，是道地的marimekko。光是走進店裡，心就噗通噗通跳。店內相當整潔、井井有條地展示了布料與簡約的服裝，待在如此繽紛、充滿設計感的空間，令人心曠神怡。

marimekko的價格並不便宜，但有一塊創意總監石本藤雄先生設計的布令我非常心動，最後也買了下來。他們的布料邊緣會標示設計師的名字以及設計年份，我一看名字是Fujio Ishimoto就覺得又驚又喜：原來這是日本人設計的！後來我認識了石本藤雄先生本人，現在只要有機會去芬蘭，也會找時間去拜訪他。

minä perhonen的理念與經營模式，也深受marimekko影響。marimekko的設計思維並非短期消費取向，而是即便某樣設計早在半世紀前就出現，只要是好設計就會延續下去。這樣的工作態度與我的想法不謀而合，令人躍躍欲試——或許當年只是一頭熱，但如今我心中仍然保有那份熱情。而播下熱情種子的，就是這趟芬蘭之旅。

在日本也廣為人知的可重疊三角圓凳Stool 60，是芬蘭建築家阿爾瓦．阿爾托為他設計的圖書館原創的商品。那是一九三三年的設計。當設計成為經典，就會理所當然地融入日常生活而長久不變。人們愈是依賴它，該設計就愈有價值。

相對的，在巴黎時裝週幕後，我目睹了每季變換不停的最新時尚。那目眩神迷的光景，促使我一心奔赴時尚界。究竟哪一邊更令我有共鳴呢？這趟芬蘭之旅，助我釐清了自己的心之所向。比起新穎的東西，我更愛古老事物。抵達瑞典後，我在斯德哥爾摩四處尋找古董行和二手書店，花許多時間研究每一樣物品，逛得流連忘返。

斯德哥爾摩的青年旅館「Af Chapman」是透過現代美術館附近的帆船改造的，我就在這裡下榻。我把伙食費壓到最低，早餐吃旅館供應的餐點，午餐用早餐時多拿的麵包配超市買的鱈魚子醬，晚上就靠喝湯勉強充飢。在青年旅館住通鋪，一晚只要六、七百日幣，即使住一個月也花不到十萬日幣。

我在斯德哥爾摩的舊城區「老城」四處閒逛，欣賞比起古董更像破銅爛鐵的各種玩意兒，把受破爛啓發的靈感畫在RHODIA的筆記本上。不用色鉛筆也不用水彩，而是拿橘色筆身的BIC原子筆畫不停。在這裡我特別想畫畫。

當時是二月，到處都很陰暗。除了去老城以外，我也到國家美術館和現代藝術博物館避寒。一進美術館，我的心就會平靜下來。

我對玻璃工藝品延續至今的喜愛，就是源於這趟旅程。我去了Orrefors與馬爾默，參觀瑞典代表性的水晶玻璃工房。陽光在北歐極其珍貴，而玻璃能捉住陽光，綻放另一種絢爛光芒。能創造出如此璀璨的玻璃工藝品，大概也反映了瑞典人平日的嚮往吧。

我從瑞典搭火車前往荷蘭，再從荷蘭搭船前往倫敦。只要有托馬斯庫克旅行社出版的公共運輸時刻表，哪裡我都去得成。但進入旅途後半，我的旅費見底了，甚至得讓背包客分食物接濟我。出發時我明明就帶足了十五萬日幣，怎麼會窮成這副德性呢？其實是因為，我於芬蘭的羅瓦涅米逗留時去了趟拉普蘭，在手工藝品行買了一件由當地設計師設計、售價高達十萬日幣的衣服。當時我心想，反正到巴黎還會有打工收入，再加上有歐鐵通票，搭通宵列車就能省下住宿費，勒緊褲袋的話，靠剩下的四萬日幣應該也能撐過好幾週。

但我在倫敦卻找不到青年旅館，只能用所剩不多的錢買了麵包和餅乾當成早餐充飢。在海德公園搖搖晃晃地走著時，竟然有背包客塞了三明治給我，大概是看我已經餓得不成人樣了吧。我不停道謝，狼吞虎嚥地吃下三明治。當時的美味以及悲喜交雜的心情，令我永生難忘。

再這樣下去真的會把旅費花個精光，因此我只在倫敦逗留了三、四日。萬一去不了巴黎，打工就要失約了。我趕緊趁還有一點盤纏時穿越多佛海峽，搭火車前往巴黎。上天保佑，幸好還有歐鐵。

時隔一年，我再次來到JUNKO KOSHINO協助參展。跟去年相比，我的手靈巧多了。除了拿到打工費以外，這裡也有供餐，總算令人鬆了口氣。我在巴黎待了大約兩週，有了打工酬勞補充旅費後，後半週就在穆浮塔租了間一週約一萬日幣的房間落腳。

## 文化祭時裝秀

回國後，我面臨了一個問題。文化服裝學院通知我，我因為學分不足可能得留級。畢竟有好長一段時間我都待在北歐和歐洲雲遊四海，沒去學校，也難怪會被警告。

若真要留級，那也無所謂。我既已立志以時尚為業，就算在學校慢同學幾拍也無妨。反正我到成衣廠打工就已經天天在學習了，又或者是北歐暨歐洲之旅把我的膽子練大了。就在我已做好留級的心理準備時，又接獲勉強可升二年級的通知，大概是學校決定睜一隻眼閉一隻眼吧。

結果我完全沒學乖，才剛得知能順利升級，又跑去芬蘭與瑞典旅行一個月。最後因為沒做必交作業而確定留級，必須重讀二年級。兩年制的夜間部畢業後，照理說第三年就要升專科班進修，然而我在文化服裝學院讀了三年，實際上卻只學了兩年的課程。

我在學校究竟學了些什麼呢？現在我也搞不太清楚，但也不能說是毫無意義，因為我在那裡交到了一生的摯友。不過當時老師教的東西，的確不是每一項都令我心服口服。例如在課堂上，我若依照實際肩膀的斜度打版，一定會被改掉。或許現在已經不會這樣了吧？畢竟只要親身量過尺寸，做過一點縫紉，就會知道每個人的肩線都不同，但學校卻只教標準的肩線樣版。學校的教育，與我在成衣廠和時裝秀的所見所聞，以及親自摸索的經驗有些出入，也難怪我會質疑學校。

既然不能升級，我為什麼還繼續上學呢？大概是因為覺得和同學相處很愉快吧。我還在文化服裝學院的學生會「學友會」擔任書記。

正要準備二年級的文化祭時，一位好友跑來找我，說要籌辦時裝秀，希望由我擔任首席設計師。我接下了這份邀請，因為我覺得自己雖然不擅長縫紉，但在設計方面應該還能幫上一點忙。這跟入學時的願景完全相反，原本我是打算學縫紉而非設計，現在卻覺得設計比較適合我。這對我而言是很大的心境轉變。

這位好友是一間飾品公司的接班人，公司專門生產領帶夾等紳士用品。他在立教大學經濟部讀書，同時來文化服裝學院進修。我曾到芬蘭、瑞典等北歐國家旅行，又在巴黎時裝週協助過JUNKO KOSHINO參展，大概是因為課外活動豐富，所以讓他對我產生了興趣吧？但我覺得多半是他高估我了。

文化祭時裝秀的傳統是每人精心設計一套衣服，而且必須親手縫製。到我這屆則是由我一人以時鐘主題設計十多件衣服，每件衣服都加上豐富的時鐘元素，其中一件還融入超現實主義畫家達利畫作中歪七扭八的鐘。

不論是花紋還是裁縫，都交給其他同學負責，我自己一件也沒縫，專注構思該怎麼將十幾件服飾融合成一場時裝秀，以及該配什麼音樂、怎麼安排流程。這些以時鐘為主題的設計，成了文化祭時裝秀的壓軸。演出形式取經自JUNKO KOSHINO，出動所有模特兒一口氣展出十幾套服飾。還記得校長小池千枝先生對這場秀讚譽有加。

我所選的主題「時鐘」，跟現在minä perhonen的設計理念有些共通之處，在外型、設計上都帶有具象性。或許我對設計的偏好，在當時就已經萌芽了吧。

## 西麻布的訂製店

就讀文化服裝學院的第三年，我辭掉成衣廠的工作，改去訂製毛皮大衣的工作室上班。那是一間位於西麻布霞町十字路口，名叫「TAKAMOTO」的手工訂製店，主要訂製毛皮大衣。我有一位在多摩美大讀雕刻系的朋友，發現這間店的櫥窗非常吸睛，便邀我一起說服老闆，讓我們在那裡展示作品。不過這也只是我們一廂情願罷了，對店家而言恐怕沒什麼好處。

她按照我畫的菊石圖案，用FRP（纖維強化塑膠）做成飾品向店家推薦，老闆竟然一口答應了。當時正處於泡沫經濟的鼎盛期，毛皮業界欣欣向榮，一件幾百萬日幣的貂皮大衣也賣得供不應求。

店裡畫紙型的佐野師傅因為人手不足，問我願不願意去幫忙。一開始我還同時在鷺宮的成衣廠打工，後來就轉去TAKAMOTO了。從早到晚，我每天都去TAKAMOTO上班，唯獨有課的日子才早退。

TAKAMOTO的毛皮大衣是為每位客人量身打造的，所以必須假縫。協助假縫後，我深深體會到一百個人就會有一百種體型。不過我也注意到，即使體態不盡相同，還是有一定的傾向，這些都是服裝設計時需要注意的眉角。在TAKAMOTO，我得以天天近距離觀察體型與服飾的關係，這是非常難得的經驗。毛皮大衣價值連城，因此假縫也會多達三、四次。先用普通布料假縫，最後才拿毛皮按照假縫的版型真縫。

不少顧客都是經濟寬裕、上了年紀的女士。有些老太太背都彎了，但還是得配合她們的體型做出適合穿脫的大衣。體態百百種，需要許多細微的調整，再歷經三、四次假縫，才能修出最合適的版型。

讓服裝看起來優雅迷人的垂墜，該怎麼縫才自然呢？畫紙型的佐野師傅在我假縫時教我：「你看，肩胛骨是人體背部最突出的部位，所以要讓布料從肩胛骨往下垂。」有些技巧是他講給我聽，我才明白的。量尺寸與假縫，就像在跟每個人的身體對話。

假縫若花上幾個小時，客人容易累，所以得在三十分鐘左右結束。裁縫師必須眼明手快地用大頭針固定，配合體態調整出版型。剛開始我只有觀摩的份，頂多幫忙用下襬等比較簡單的部分，與結構有關的部位由佐野師傅操刀，我則以助手的身份邊看邊學。

後來我才知道，佐野先生的經歷也很特別。他畢業自早稻田大學文學院英文系，在TAKAMOTO打工時自學時尚，後來便從事這份工作。身為師傅的他很好相處，不會要我默默看著他的背影自學，他會思考人體結構與服裝的關係，將量身訂製的理論清晰地整理給我聽，令我獲益良多。

不只櫥窗，老闆也讓我們在店內展示作品。我為minä perhonen的店面準備了許多小玩意兒，布置在各個角落，這種裝潢風格可說是從在TAKAMOTO展示作品時開始的。

TAKAMOTO的成員共有老闆、業務、佐野師傅、我，以及兩名負責行政的女性。整間公司就六個人，後來我在那裡待了將近三年。

# 第四章 創立minä

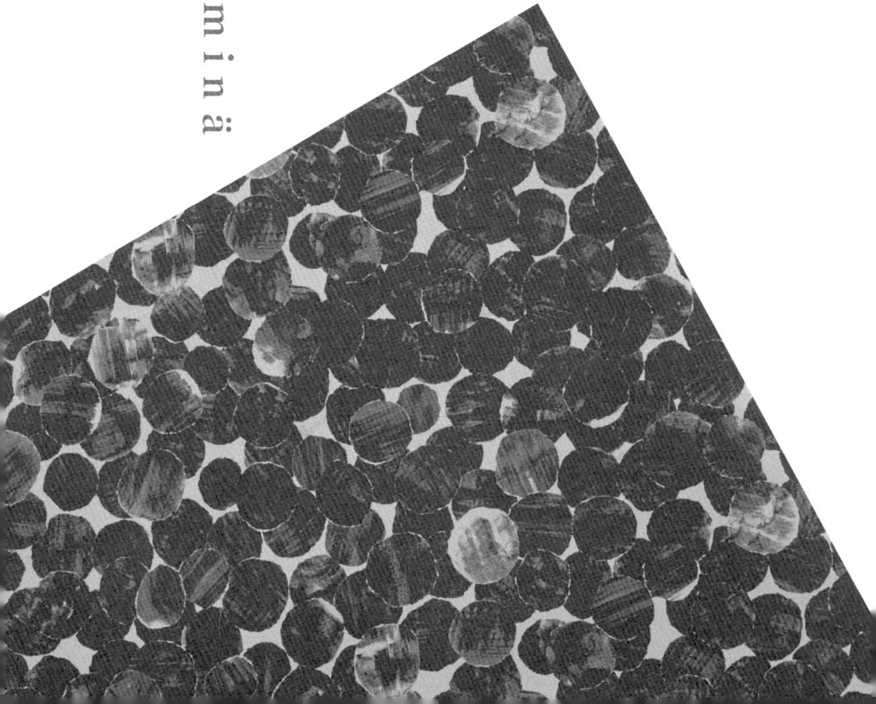

## 「minä」的起點

我決定創業，成立自己的品牌。

為此我必須籌措資金，租借工作室、購買布料，尋找願意批發的布莊，該準備的工作以及待辦事項堆積如山。只要創業，我就能專心做自己想做的工作，一切就會船到橋頭自然直。如今回想起來，這種念頭根本是異想天開，但我依然決心創業。

第一個步驟是先找房子充當住處與工作室。決定好要搬到哪一區後，我開始看房子，最後決定搬到八王子。為什麼是八王子呢？很簡單，因為八王子是東京的布料生產重鎮。愛知縣與岐阜縣產羊毛，靜岡濱松一帶產棉……許多布料都有各自的產區，而且歷史悠久。八王子原本就是絲綢產地，從橫濱港到八王子的路途，還擁有「日本絲路」的美譽。

古代和服大多為絲綢製作，後來西裝逐漸成為主流，八王子便跟著做起絲綢領帶，甚至生產起西裝布料，布料種類也逐漸增加，變得愈來愈豐富。著名布料供應商「MIYASHIN」也設立在八王子，為ISSEY MIYAKE等品牌生產新布料。「MIYASHIN」原本只做和服布料，因為早一步察覺時代趨勢及變化，積極採用新編織技巧與特殊織法，到八〇年代陸續成為設計師心目中的批布首選。若要生產我設計的布料，我也希望能與「MIYASHIN」這樣的布商共事，既然如此，不如就把工作室就近設在八王子。

我在西八王子找起住家兼工作室。西八王子車站位在八王子與高尾之間，周邊有成衣廠，且租金比八王子車站一帶更便宜。我租了一棟透天平房，共兩房一廚，包含一坪大的廚房、四坪大的和室，裡頭還有三坪大的木地板房，租金八萬日幣。我把打工都辭了，沒有收入，多虧太太有在賺錢，我便向她周轉了一些。當時太太經營一家民族雜貨選品店，負責批貨並擔任店長。九〇年代後半民族風盛行，太太的店跟上這股潮流而門庭若市，收入穩定。如果她沒賺錢，我恐怕就無法創業了。

我把三坪大的木地板房當成工作室，需要的工具有縫紉機、工作桌，以及鋪在桌上的作業用橡膠板，至於布尺等瑣碎工具手邊倒是一應俱全，再來只要設計服裝、做出紙型，縫製樣本就可以了。如果只是單純做衣服其實並不難，但我很快就體會到，光會做衣服是無法創立品牌的。於是決定在都內租個小空間，舉辦第一場展覽，自己設計衣服、展示並接受訂單。展出的衣服共有三款，分別是襯衫、連身裙、罩衫。

此外還得構思品牌名稱。當時不少品牌直接以設計師的名字命名，若是我，就是「akira minägawa」。但總覺得把自己的姓名變成品牌很彆扭，除了個人有點排斥以外，還有另一項因素——我想打造的是「至少延續百年的品牌」，換言之，即使創業設計師不在，品牌也能照樣延續下去。既然如此，讓自己的名字曝光就有違立意了。

我開始思考芬蘭語是否有哪個字合適。因此去了一趟當時設在帝國飯店的芬蘭觀光局，借了芬蘭語辭典，花了好幾個小時查閱，翻來翻去，列出清單，研究每個字的意思與發音。

就在那時，我瞥見了「minä」這個字，這在芬蘭語是「我」的意思。拼字單純、發音簡短，再適合不過。

做服裝的是「我」，穿衣服的也是「我」。用「我」的概念做衣服，用「我」的想法穿衣服。歸根究底，時尚就是「自我」的展現，是服飾與心邂逅的地方。

於是「minä」這個名字便拍板定案了。

## 只賣出十件

我最早設計的三件衣服都以花草為概念。

布料則委託八王子的「大原織物」編織，他們向我講解了織布的基本原理與技術，帶我瞭解製作一塊花紋重複的布料得耗費多少功夫。當我看到紙型上的圖案如實重現，自己設計的布料一一呈現在面前時，我便下定決心——minä的衣服全部都要從布料開始設計。

價格方面，連身裙定價約三萬八千日幣，罩衫與襯衫則設定在兩萬八千日幣左右。

我借了一個小小的藝廊空間，展出這三件衣服並接受訂單。我該如何，又該讓哪些人知道我開了個展呢？當時我對行銷一無所知，只能從朋友、文化服裝學院的同學、老師著手。展覽第一天是一九九五年五月二十二日，這天也成了minä perhonen的創業紀念日。

會場最多只能租一星期，於是我找了幾間認識的藝廊巡迴展出。直到十二月為止，共收到十件衣服的訂單。收入總額為三十五萬日幣。這三十五萬扣掉材料費等支出，所剩無幾。誰都看得出來這樣無法養活自己。要脫離這種狀態，成功養家餬口，得耗費多少心力與時間呢？我根本看不見未來，只知道這是一條望不到盡頭的路。

過年了，我決定參加八王子紡織工會舉辦的展覽。除了連身裙、罩衫、襯衫，這次我還追加了T恤。我知道八王子有T恤工廠，便聯絡了廠商。或許有些人不買連身裙或罩衫，但願意買T恤。既然這樣，不如試試看。

我在展覽上接了一些單子，其中一筆來自在銀座開選品店的鈴屋。鈴屋是七〇年代中期時尚百貨的先驅，曾創立時尚大樓「Aoyama Bell Commons」。我非常感謝鈴屋向我下訂單，高興得痛哭流涕。

但當我終於在銀座選品店開始賣衣服後，卻遇到了應付追加訂單的難題。T恤加訂的單位不是五件、十件，而是一件，我試著拜託鈴屋，能不能一次多訂幾件，對方卻回答只能下訂需要的件數。畢竟是新手設計師的作品，那也沒辦法，可是只做一件的成本實在太高了。當時從西八王子搭電車到銀座送衣服，往返就要一三八〇日幣，一件售價五千日幣的T恤，批發價打五折，只有兩千五百日幣。其中又要扣掉一三八〇日幣的交通費，以及裁縫工錢，利潤只剩五十日幣左右。照這個效率，恐怕連下次做衣服的材料費都湊不出來。

就算拜託黑貓宅急便送貨，當時的我也無法簽訂法人契約，只能以個人名義寄送，因此利潤差不多。我做了四種顏色的T恤，每種顏色至少要進一百件，也就是說一開始我就跟工廠進了四百件T恤。狹窄的三坪房間內堆滿紙箱，將「囤貨」一字展現得淋漓盡致，而且庫存幾乎沒有減少。

當時有另一間位在熊谷的店願意向我批貨，條件是批發價必須打四折，而我只能答應。我把庫存搬上車子，從八王子經高速公路運往熊谷。儘管得負擔高速公路的通行費及油錢，但若能多賣幾件，要我運貨倒也甘之如飴。然而庫存雖然減少了一些，卻依然賺不到錢。

連身裙和罩衫若只賣出寥寥幾件，裁縫費就會變得相當昂貴。因為訂單數量少時，廠商只能以樣品價向我請款，而樣品的工錢往往是一般的兩到三倍。但既然賣不好，那也沒辦法，為了多少降低一點工錢，我只好自己剪裁。我還去染坊兼差，幫忙測量染料的粉末。我把剪下來的報紙廣告鋪在天秤上，將染料粉倒在上頭秤重。染坊教會了我如何調整比例來混出不同色彩，令我獲益良多。我在工廠邊看邊學，反正有的是時間，能做的事我都一手包辦。

但兼差實在無法解決根本的問題，我也深知這樣的權宜之計並非萬靈丹。但我還是親自跑到工廠動手做。我認真觀摩、仔細聆聽，堅信自己做過的這些手工業都有意義。因為替JUNKO KOSHINO在巴黎時裝週第一次縫製衣服，就是我的出發點，所以我從不懷疑動手做的價值。但訂單數量實在太少，根本無以維生。現實如同一堵堅不可摧的高牆，阻擋在我面前。

## 到市場殺鮪魚

創業後大約半年，某天我在做秤染料的工作時，於秤重用的報紙上看到一則漁市徵人的廣告。工作時間從早上四點到中午，地點是八王子綜合批發漁市的「望月水產」。八王子的壽司店、和食店、便當店並不會每天早上特地跑去築地，而是透過八王子市場的漁貨批發商採買。這篇廣告正是批發商在徵人殺魚，由於工時固定，下午可以忙自己的工作，我便立刻應徵，也很快就錄取了。

望月水產的工作大致分為兩種，殺鮪魚和殺其他魚，而我負責殺鮪魚。鮪魚大多是冷凍的，小則二、三十公斤，大則八十公斤，大部分都是四、五十公斤居多。殺冷凍鮪魚必須使用電鋸，先從腹部和背部將魚身剖成兩半，再將腹部和背部各剖一半，把整條魚大卸四塊。有些店會像這樣直接買「一大塊」，也就是四分之一尾。另外，鮪魚肚也會切成三、四公斤重的「魚磚」（コロ），以及最小單位「魚排」（サク）來販售。

一開始我當然笨手笨腳的，只能跟著老闆一個指令一個動作。每當老闆說「把幾號的鮪魚拿來」，我就得去冷凍室將鮪魚拖出來。殺鮪魚的關鍵，在於判斷鮪魚的核心。一開始剖成兩半時，若不能讓刀片沿著鮪魚骨切開，骨頭就會殘留魚肉。從找到魚骨的位置到下刀，需要時間也需要經驗。反正我就乖乖照老闆說的做，將面前的鮪魚剖開。動作看似千篇一律，套用到每條鮪魚上卻又各不相同。隨著每天去漁市報到，我漸漸懂得如何調整手勢、手腕的動作、力道，以及下刀的位置。面對老闆的指令，也能眼明手快地完成。這讓我發現自己還挺適合放空殺鮪魚的。

在八王子這個地方，有大學生來市場打工，也有壽司店老闆的兒子在當學徒。雖然出身背景不同，大夥卻相處融洽。就連頂著山本頭捲髮的老闆都面惡心善，相當照顧我。他應該挺喜歡我的，明明工資不包伙食，還是免費請我吃早餐。這份工作是體力活，而且從凌晨四點就開始，每到六點的早餐時間，我便飢腸轆轆。在市場內的食堂，我總是能吃下一碗拉麵再加一碗豬排飯。

到市場工作後不到一年，太太與我離婚了。我創立的品牌業績始終不見好轉，毫無前途可言，只能靠她一肩扛起開支，夫妻倆的關係也逐漸失衡、分崩離析。在市場工作一天，大概能賺一萬日幣。週休一日，隔週休兩日，月收入約二十四萬日幣，而這些幾乎都拿來充當材料費了。離婚時我搬離了月租八萬日幣的工作室，改租三萬四千日幣的破爛房子。漁市兼差讓我得以餬口，下午還能忙自己的品牌，令我很慶幸找到這份工作，而且我還挺適合殺鮪魚的。這份不在八王子生活就碰不到的職缺，對我留下了不少影響。

直到二〇一九年望月水產歇業以前，每到年尾我都會去八王子市場。只要老闆說「今年的鮭魚卵不錯喔」，我就會買下一百多公斤的鮭魚卵慰勞員工，或送給平日照顧minä的工廠當謝禮。當然，這也是為了報答老闆對我的恩情。年尾與老闆敘舊時，我們總是眉開眼笑、樂不可支。在那個艱苦的年代，能到市場工作實在太幸運了。

## 助手登場

自創業那年十二月起，從minä草創期便加入的夥伴長江青，每週都會過來幫忙幾天。長江是武藏野美術大學空間表演設計學系服裝設計組的學生。因布料供應商「MIYASHIN」的社長擔任該組的特別講師，希望促進年輕時裝設計師與工廠的交流，我便藉著這個難得的機會，提議在我的住家兼工作室，用從市場帶回來的鮪魚舉辦BBQ派對，讓設計師與廠商同樂。

長江是來幫忙的學生之一。BBQ派對忙得不可開交，但長江相當細心，適時幫了不少忙。散會時，長江遞了手工名片給我道：「有什麼需要幫忙的地方，請隨時找我。」之後我才聽說，雖然她對設計很有興趣，但其實是看到我工作室書架上的書才決定來minä的。但我已經不記得當年書架上放哪些書。長江的家位在愛知縣春日井市，家裡開一間叫「書蛙」的書店，祖父是版畫家暨平面設計師，「書蛙」的標誌就是祖父畫的。

我開的是一人工作室，接單量又少之又少，似乎不太需要幫忙。但當我請朋友來工作室，參觀我設計的新衣服時，我還是請長江過來協助一趟，後來漸漸變成每週固定來一、兩次。我也規劃了一些新的工作項目，請長江協助。

例如設計並縫製包包。minä perhonen的經典蛋包，雛形就是在此時誕生的。另外我也設計了二十公分大的方形迷你包，請長江縫製。我認為蛋包和迷你包應該可以開拓新的客群，便將包包拿給服飾批發的採購人員看，而對方也答應進貨，而且銷量不錯。除此之外，我也設計了直線車縫的一片裙，請長江縫製。像這樣自己做而不經由工廠，就能省下一筆工錢。

為什麼是「直線車縫」呢？因為長江並不那麼擅長裁縫，不過她自己似乎沒意識到這件事，也從不見她表現出「這我不擅長」的態度。她的狀況與我不太一樣，我是知道自己不擅長裁縫，所以更要做，更不願意放棄。但儘管情況不同，就結果而言我們倆還挺相似的。我們都不認為眼前已經山窮水盡，即使必須付出更多心力，也不會嚷嚷著要放棄。要不是有這份韌性，恐怕也熬不過漫長艱困的草創時期。

長江來工作室的日數逐漸增加，但我只有出交通費，並未付她工資。若是現在，絕不可能有學生在這種條件下願意幫忙。雖然她說家裡會寄生活費給她，但大概也只有長江肯無償工作直到畢業了吧。大四就職季時，長江遲遲不去找工作，她說沒有心思考慮其他事情，我便讓她繼續留在minä。聽說她身邊的同學都已找好畢業後的工作了。

再這樣下去不是辦法。

當時服裝的銷量終於略有起色，長江也即將成為正式員工，今後minä就不再是一人公司了。幾經考量後，我辭去了兩年半來在漁市的工作。

我打算等長江大學畢業以後，也就是四月開始支付薪水。雖說是薪水，其實也只是從營業額扣除材料費、工錢，再從餘額擠出兩人份的薪資，對比工作內容實在少得可憐。我也以公司老闆的身分，到長江的老家打招呼。畢竟家裡的人見到女兒公司的負責人，也會比較安心。她的家人很親切地歡迎我，支持女兒的志向。對公司員工的責任感，使minä從此邁入了下一個階段。

同一時間，市面上出現了不少新品牌。流行品牌的新銳設計師紛紛創業，打造出

COMME des GARÇONS、ISSEY MIYAKE、Yohji Yamamoto等自我品牌，文化服裝學院大我沒幾屆的學長姊也乘上這股新潮流，創立了KEITA MARUYAMA、Masaki matsushima等牌子。或許長江身旁也有不少同學，已經開始從近程目標著手，為將來創立自己的品牌而努力。跟長江同樣在武藏美攻讀時尚的幾位同學，也來過minä幫忙，但唯有長江待了下來。或許同學們都想著以後要創立自己的品牌，那也難怪會辭職。

我沒有當面問過長江為什麼要留下來。就我自己的想像，或許她看待minä，就像初生的雛鳥將映入眼簾的第一個動物看做母親一樣吧。除了喜歡我設計的衣服以外，若非有這樣的情感，恐怕很難堅持下去。

在minä，平日最重要的工作就是細微繁複的手工業，不太有其他事需要煩惱。或許長江覺得這樣的日子很踏實吧？若是如此，就正好與我一樣。連這種難以言表的體悟，她都與我心有戚戚焉，夫復何求。

後來，minä開始步上軌道，終於勉強能支付薪水，我想為長江敘薪，連同之前無償工作的份一起慢慢還給她，她卻告訴我：「我不需要，以後minä還會加聘人手，還是把錢留著雇人吧。若有多餘的錢，就幫想加薪的人加薪，讓他們更有幹勁。」從我們一對一面談時她的神情來看，長江是真心這麼認為的，一字一句毫無虛假。在那以後，我依然時常感慨，第一位員工是長江實在三生有幸。比起上司與下屬，我們更像是一起創立品牌的戰友。

早期長江的薪資幾乎完全充公，後來她設計的飾品、包包也加入產品陣容，自然就不必那麼委屈了。不過，在創業早期，有員工願意共體時艱，對老闆「深信不疑」，貢獻之大著實難以估計。所謂「深信不疑」，並不是指她有遠見，看出mina將來一定能成功壯大，所以忍辱負重為我工作，因為有遠見的人肯定會早早離職。在早期，連我自己都看不見未來，每個月不但付不出薪水，還好幾度資金見底。但長江在那時面對領不到酬勞的窘境，依然泰然自若，還主動提議不必敘薪，安慰我「下個月再付就好」。

當時「黑心企業」一詞還不像現在這麼常見，尤其創作類等從無到有的工作，更是沒有加班概念，這點放諸時尚界與設計界皆準。現在恐怕已經無法複製當年的方式來自立品牌了，而且八成也找不到人手，但這在當時卻是可能的。若不是長江毫不迷惘地追隨，minä絕對撐不下去。至於能否再找到像長江一樣的人才，我想答案是否定的。

資金確實很重要。少了資金，企業就無法運轉。但我認為最後能夠支持品牌或公司的不是資金，而是無可替代的人才。

## 開轎車跑業務

服裝銷量總算漸有起色，不少店家只要跟minä進過貨，都會持續合作。這表示真的有人在穿我們做的衣服，這種感觸愈來愈真實。接下來的課題，就是該如何讓更多人知道這個品牌。

當時網路遠不如現在發達，完全無法想像一個小品牌、一間小店也能在網路上架設網站、開拓銷路、賣東西給客人。

要拓展店家，請他們販賣我們做的衣服，只能親自去找願意合作的店。而唯一方法就是帶衣服過去，讓對方實際評估是否進貨。於是我帶著衣服，開始四處跑業務。

十八歲那年我辦了三年貸款，買了一輛Citroën 2CV的中古車。我原本就愛車成癡，考到駕照便立刻尋找有無便宜二手車，還真的讓我買到了。以前我只用2CV送貨，從沒想過用它跑業務拓展銷路。現在才發現只要有車，就能帶著衣服到處跑。

我把minä的服飾裝在2CV上，開往東北，但我根本不知道哪裡有店家。若是現在只要用網路搜尋一下，就能先列出店家清單，也可以靠電子郵件約時間見面，但當時都沒有這些方法。我開著2CV，經東北高速公路北上，開到新幹線停靠的車站一帶，在市內繞來繞去，一旦發現可能會進貨的店，就飛奔入內。

打過招呼後，我便開門見山地問：「能不能看看我設計的衣服？」不僅沒有電話預約，還是名不見經傳的國內品牌服飾。當時只要是比較有生意頭腦的店，都會引進國外品牌，包括在國內生產的外國名牌服飾，以及從外國進口的原廠貨，都很受消費者青睞。那時所謂的選品店剛出現，BEAMS與UNITED ARROWS也開始拓展連鎖店。換言之，即使在比較偏遠的地方，衣服也不太會滯銷，因為當地城鎮依然會有流行服飾店，而且已經開始抓住固定客源。但受歡迎的主要是國外品牌，國內品牌往往被瞧不起。

現在回想起來，這也難怪每家店都讓我吃閉門羹。面對突然跑來店裡推銷衣服的不速之客，店家們想必都很傷腦筋。

不過，究竟是我們設計的衣服不夠吸引人？還是這種推銷方式出了錯？因為店家根本不理我，我也無從判斷，但我並不放棄任何可能性。既然郡山失敗，那就去仙台吧。仙台失敗的話再去盛岡，一路北上。

然而，這趟東北業務之旅卻以業績掛零收場。慘敗之下，我只好載著minä的衣服，開著2CV回到了東京。

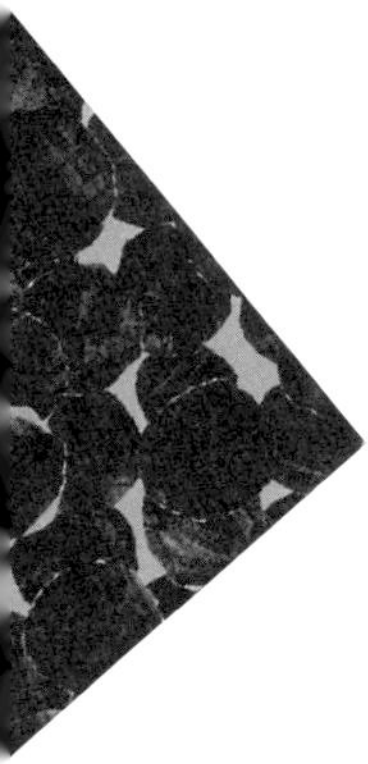

# 第五章 創立直營店

## 到歐洲行銷

儘管東北行沒談下任何一筆生意，我仍不放棄以2CV展開業務之旅。我前往關西，駕駛2CV跑遍京都、大阪、神戶，但還是沒有接到訂單。

我和長江將連身裙、罩衫塞進行李箱裡，一起去了歐洲——從芬蘭的赫爾辛基出發，途經瑞典的斯德哥爾摩、比利時的布魯塞爾、安特衛普，最終抵達巴黎。這趟旅程為期兩週，將我熟悉的城市繞了一圈，就跟學生時代使用歐鐵通票、住在青年旅館時的貧窮之旅一樣。我們喀啦喀啦地拖著行李箱，發現不錯的商店就進去自我介紹，然後打開行李箱讓店員看minä的服飾。

歐洲人的反應跟日本人大不相同，他們會仔細欣賞衣服並告訴我感想，而且不吝讚美，例如「好漂亮的衣服」、「布很美」、「縫得真好」。不過如今回想起來，歐洲人可能只是覺得很新奇吧，畢竟像這樣突然登門賣衣服的人，我應該是史上第一個。通常待在店裡的員工都是銷售員而非採購人員，沒有權限訂購衣服，但還是會讓我們展示作品，而非餵我們吃閉門羹。

要是對方願意訂購，售價該怎麼定呢？衣服又該如何鋪貨，有哪些通關手續？這些我根本一無所知，萬一進一步詳談，對方肯定會因為我的無知而再度大吃一驚。

旅行時，長江都穿著minä的衣服，走在路上不時有人笑著向她搭訕，問她：「妳穿的衣服好漂亮，哪裡買的？」抵達終點站巴黎時，當地正在舉辦時裝週，長江穿著minä的衣服走在街上，還有人對她鼓掌。

這為我建立了自信。minä的設計並不標新立異，但路人還是發現了其中的獨到之處。在關心時尚的人眼中，minä的衣服是「有些特別」的。從她們的表情、聲音，可以察覺到這點。然而儘管獲得眾人欣賞，衣服還是一件也沒賣出去。不過，這趟歐洲行依然意義非凡，它讓我知道，我缺的只是機會而已。

一九九六年，我舉辦了秋冬展售會。起因是有人向我介紹位在惠比壽的出租藝廊P-house，租金是一天五萬日幣。儘管這大幅超出我們的預算，但藝廊地點極佳，一樓還有咖啡廳，且因為常辦創作者個展而頗有知名度，我把心一橫便租了下去，不過，還額外談了一些條件。那就是第一天從凌晨十二點算起，讓我們半夜就將東西搬入、布置，然後早上十點開展。因為我們實在沒有餘力為了布置而多租一天。

我寄了邀請函給UNITED ARROWS、BEAMS、BAYCREW'S等選品店，以及百貨公司的採購人員、時尚雜誌的編輯部等等。來協助布置的是長江在武藏野美術大學時代的幾位同學，菊地敦己先生也在內，他現在是平面設計師，mina的圖像設計從一開始就由他親手包辦。有位同學還從木工店帶了材料，不一會兒功夫就把衣架都設置好了。我們熬夜完成布置，換了套衣服便開始展覽。

親朋好友也來了，但採購人員只來了兩、三位。到了晚上八點，第一天結束了，沒有任何訂單。

枯等也不是辦法，於是我直接致電給採購，拜託他們賞個臉。然而即使對方答應「有空就過去看看」，也未必真的會來。有些人則是覺得衣服不錯，但也沒下訂就離開了。還有人盯著四方形花紋的雅卡爾布料服，看著上面為了配合花紋而設計的四方形鈕釦，嘆了一句：「鈕釦怎麼可以設計成四方形呢？」四方形鈕釦為什麼不行？沒有原因、無憑無據，自然也沒有下訂。我聽了十分難過，卻連反駁的力氣、詞彙也沒有。

伊勢丹的採購人員來了。已故的藤卷幸夫先生，當時在伊勢丹百貨新宿本店設立了一個「解放區」，專門展售新銳設計師的品牌。在那個舶來品當道的時代，他依然積極為我們這些國內獨立品牌爭取曝光率，而mina正好趕上那次機會。天無絕人之路，我們終於接到了開展以來第一筆訂單。

不過，這也再度提醒了我不能安於現況，因為訂單數量根本入不敷出。現在，我終於明白當初展售不順利的其中一項因素。展示的服裝約有三十件，為了讓展覽看起來更豐富，即使是同一款罩衫或連身裙，顏色也略有不同，可是衣服都是單一尺寸。

就讀文化服裝學院時，我在毛皮大衣訂製店當過學徒，學會了如何量身打造服裝，也瞭解了訂製的優點。而我做的衣服也體現了當初學到的觀念。當時mina的服飾都是由長江擔任模特兒試穿，我負責調整版型，讓長江穿起來好看。長江體型纖瘦、尺寸偏小，一旦連長度比例都量身訂做，不知不覺就會做出單一版型。

若要給當時的我一些建議，我應該會說：「顏色可以少一點，尺寸再多一點。顏色再多，店家也不可能全部進貨，還不如讓尺寸齊全。」

展售會結束後一算，訂單總額約有三百萬日幣。之前每件衣服的下單數量都很少，工錢偏高。扣掉成本，即使還有幾百塊盈餘，也得留下來當下一批衣服的材料費。換言之根本賺不到生活費，頂多撐得過一季，也就是半年。

長江對公司很窮一事沒有一句怨言，而是天天埋首工作，做些能簡單縫好的一片裙與小包包向店家兜售，多少貼補開支。

## 阿佐谷工作室

阿佐谷車站旁有一棟長江朋友親戚持有的大樓。大樓分層出租，每層樓約二十坪大，對方說能用每月六萬日幣的租金讓我租下三樓，為期兩年，但希望我能負責清潔大樓公設、管理電源總開關。第三年起若要續租，租金就會調成十二萬日幣。對方非常瞭解我們的難處，這份合約也隱含著「等這兩年賺錢了，再搬去其他地方」的一番好意。

我剛再婚，太太從事創意工作，我們彼此在經濟、心靈上互相扶持，誰也不願造成對方的經濟負擔。因此我決定搬遷工作室，住家也改到阿佐谷鄰鎮的荻窪。當時我總是以GYRO三輪機車代步載貨，騎著它把衣服送到表參道。

就在那陣子，UNITED ARROWS與伊勢丹下訂的件數開始增加。皇天不負苦心人，品牌創立經過四年，終於慢慢步上軌道了。

訂單數突飛猛進。

在阿佐谷月租六萬日幣的工作室第二年，minä於伊勢丹的銷量開始攀升，連JUN集團的ADAM ET ROPÉ、BAYCREW'S也願意與我們合作。原本UNITED ARROWS只有一、兩間店面有賣minä的服飾，後來竟主動提議鋪貨到全國所有分店。光是UNITED ARROWS的訂單，營業額就比剛開始提升了十倍，每季訂單高達一千萬日幣。這下minä總算有了一定的規模，即使扣掉成本也能營生了。

阿佐谷時代的展售會辦在工作室內，《裝苑》的主編曾帶著編輯一同前來。當時編輯打算用minä的衣服做《裝苑》特輯中的紙型附錄，為此特地前來商談。展售會結束後，主編更提議讓minä每月連載，而非單次專訪，於是連載便定案了。

童裝雜誌《SESAME》也拜託minä設計童裝。minä有不少布料的圖案適合童裝，而孩子們穿上漂亮衣服也會成為他們的美好回憶，一想到這些，我便高高興興地答應了。為《SESAME》設計的童裝大受好評，詢問度極高，這也成為不久之後minä設計童裝的契機。現在童裝依然是minä的重點商品，而且設計起來非常快樂。

在阿佐谷工作室時，長江的朋友晚上下班後常來幫忙，協助T恤裝袋、幫抱枕塞棉花等工作。這些工作並沒有打工費，謝禮只有偶爾請大家吃飯，但長江的朋友們還是樂意幫忙，真的很感謝她們。

朋友口中的「小青」長江，從以前就擁有一股神奇的號召力。以書籍裝幀設計聞名的名久井直子小姐，當時也常來阿佐谷工作室。她是長江在美術大學的校友，曾買下長江畢業製作的衣服，不過當年她還是廣告代理店的藝術總監。竹形尚子小姐也應邀來當過服飾模特兒，她是公關公司的社長，負責裝潢業與設計出版業，minä perhonen便曾經與她合作。

當時來幫忙的人，現在全都是各領域的佼佼者。看著如今她們在事業上的成就，真是令我與有榮焉。

## 白金台直營店

在八王子創立「minä」後經過五年，我三十三歲，生了第一個女兒。

當時隨著衣服訂單增加，我腦中愈來愈常浮現一個計畫——「擁有自己的店」。我想開直營店。

為什麼要開直營店呢？批衣服給選品店或百貨公司，等於將生計大權拱手讓人。是否向我們訂衣服，全由採購人員決定。但這些客戶畢竟也是公司，有時人事異動而換了負責人，對minä的態度也就變了，且公司的狀況難免起起伏伏。總是被動地託別人賣衣服，將來難保不會山窮水盡。

我想在我們自己的店親手賣minä的衣服，想要直接面對顧客。有了這麼一個地方，一定會獲益良多。因此我認為現在這個階段，是該有直營店了。

那麼我該在哪裡，開間什麼樣的店呢？我們沒有預算在銀座或表參道展店，但也不想勉強找個地方將就。我希望店面開在會讓人慕名而來的地方，最好周圍也適合散步。

一開始我們先到神樂坂、神宮前附近繞了一圈，尋找是否有店面招租。然而那裡地點雖好，卻找不到預算與感覺都相符的店面。就在我們有些心灰意冷時，得知港區白金台可能有合適的建築。那是一棟還在興建的大樓，沿著白金台大街一路往下走就會看到。我們立刻前去勘查。地點位在白金台十字路口旁，從自然教育園、庭園美術館徒步幾分鐘就能抵達。以往最近的車站是目黑站，走到白金台偏遠，但幾個月前白金台車站已經建好，搭三田線和南北線都能抵達，從車站走過去只要三、四分鐘。

那棟大樓共有三層，面對馬路，左右狹長，中間有較寬敞的樓梯。建商預定將一、二樓當成店面出租，三樓則是當成辦公室出租。但我看上的不是一、二樓的店面空間，而是三樓的辦公室。那裡沒有電梯，只能爬樓梯，照理說根本不適合開店，而且逛街的人也不會受櫥窗服飾吸引而進店裡參觀，所以幾乎不會有路過的顧客上門。

但我非常喜歡這裡的地點與環境。

來到「minä」直營店的路途也很重要。設在白金台的話，去程與回程還能順道去庭園美術館和自然教育園逛逛，附近也有不錯的餐廳和咖啡館。我想讓顧客買衣服時不只方便，還能因為店面周遭的環境而有美好的體驗。

最大的難處在於租金。雖然三樓每坪的價格比一、二樓低不少，但仍是以往工作室租金的好幾倍。以客觀的角度來看，挑這間辦公室實在有勇無謀。但我還是決定「就是它了」。這項決策全憑直覺，完全沒有任何經營上的根據。

可是看看戶頭，根本沒有足夠的錢能支付押金及開店所需的各項雜支，我只好向國民金融公庫借貸了五百萬日幣。在認識的人引介下，找到願意以成本價施工的裝潢商。此外還得準備店面營運者的津貼，也要雇店長和店員。我和長江不可能每天去店裡一趟，要是耽誤了服飾設計，那就本末倒置了。原本只有我們兩個成員，現在至少需要五、六人。在這個只能勉強湊出兩人份薪水的階段，一口氣將員工擴增到近三倍，財務根本負擔不起。當時我負責會計，記帳則請太太幫忙，但也只是看看戶頭數字，決定要不要花錢而已，不是那種很嚴謹的事業規劃。換言之，即使創業已五年，會計也只是看個大概而已。但若不是「只看個大概」，大概也沒勇氣拓展直營店吧。

直營店開張後加入的兩名員工，現在也仍任職於minä perhonen。

擔任店長的石澤敬子原本就會設計、縫製洋裝，還在國立市的選品店賣過自己的衣服。該店也有進minä的服飾，由於這層淵源，我們在店家舉辦的聖誕派對上便認識了。石澤說她從那時就很喜歡minä的衣服，後來也常到工作室作客。她是個很好相處的人，也非常瞭解minä的服飾。若要找店長，非她莫屬。而且石澤生性樂觀開朗，總是將吃苦當吃補，這點跟長江一樣。

究竟工作該獲得什麼樣的回報呢？探究這點是很困難的。如果是單純受雇、賺取薪水，難免會衡量付出的勞力「划算與否」。這麼做並沒有錯，甚至是天經地義，但前提應該是先建立快樂與成就感。如果本末倒置，那麼再怎麼工作都不會滿足。

這已經關乎人生觀了。人未必都能從事適合自己的工作，儘管遺憾，但事實如此。不過，換個角度看待眼前的工作，卻能化解勞動的辛苦，以及對薪資的怨憤。瞭解這點，對人生或多或少都有幫助。拓展直營店時，我無法提供優渥的薪資當作大家工作的動力，但每位夥伴仍然不離不棄，至今我依然感激涕零。

石澤也持續經營自己的品牌、有自己的工作要忙，因此當時每月只有十七天能擔任店長，但這樣已足以令人安心。剛開始，白金直營店用窗簾隔成了三個區塊，分別是店面、工作室、布料倉庫。而店裡使用的箱子、日常用品，都是太太利用閒暇之餘當木工做的。我也忙著接待客人與處理帳務，而不是一直關在工作室裡，大家便這樣分工輪流顧店。

銷售則是由石澤的朋友南部史子協助，她辭掉了咖啡館的工作來到minä，現在是銷售管理的負責人。

開店準備一直持續到最後一刻。

接著，終於迎來了開幕日。

## 存款五萬日幣

白金台店開幕當天，戶頭僅剩五萬日幣，而且還欠了金融公庫五百萬債務。往後只能透過直營店賣衣服，盡量累積存款了。如果賣不好，就付不出薪水、買不起布料、付不了房租。「minä」便很可能倒閉。長江自然知道資金見底的事，我也將此事告知了石澤。但長江似乎不覺得事情有這麼糟，臉上沒有浮現任何一絲不安。這個存款只剩五萬日幣的開幕日，竟成了我永生難忘的回憶。還記得開幕日前一天雷雨交加，十月的天氣已經略帶寒意。

二〇〇〇年十月十日星期二，直營店開幕，當天直到中午都還淅淅瀝瀝地下著雨。我似乎天生會「呼風喚雨」。後來每次開新店，天氣也總是雨雪紛紛。天氣冷颼颼或酷熱當頭就罷了，下雨或下雪就是名副其實的「潑冷水」，讓人根本沒興致出門買衣服。

開幕時刻到了。店裡門可羅雀。下午雨停了，但氣溫也升高，人潮並未增加多少。

我心裡很焦急，不曉得這樣下去該怎麼辦才好。星期三、星期四也是同樣的狀況，直到星期五，生意才終於有起色。

週末我舉辦了開幕慶功宴。不少親朋好友都來捧場，也帶了許多素未謀面的客人來，店裡洋溢著不可思議的熱鬧氣氛。有人獻花、送點心禮盒，也有人笑著說他等這天已經好久了，衣服也賣得很好。大概是這個週末以後，minä的口碑傳了開來，隔週起生意突然變好了，還有客人在店裡待上很長的時間，反覆試穿、挑選。生意好的時候，當日營業額竟高達將近百萬日幣，令人目瞪口呆。這根本不像單日會有的數字。

這數字代表了什麼意義呢？

阿佐谷時期敲定的「連載」，好巧不巧也在白金台店開幕後展開。專欄橫跨兩頁，包含minä服飾的照片，以及八百字我寫的散文，後來此專欄集結成了《旅行碎片》（旅のかけら）一書。連載自當時起，持續了十五年，《裝苑》的影響力不同凡響，一開始連載，minä就成了全日本知名品牌，與minä合作的商家也與日俱增。到這時候，我終於能付給自己二十萬日幣的月薪（因為還要養家，敘薪也高一點），長江則能拿到月薪十五萬日幣。

愈來愈多時尚雜誌以新銳設計師的身分介紹我，還有報導指出白手起家的新手設計師能開直營店是一件難能可貴的事。可以肯定的是，minä逐漸受到矚目，曝光率也愈來愈高。透過和客人聊天的隻言片語，我發現不少人都曾在伊勢丹、UNITED ARROWS、ADAM ET ROPÉ、BAYCREW'S買過minä的衣服。她們大多是想來新店看看有哪些款式，想再添購幾件而特地跑來白金台店。

當時沒有社群網路，無法直接查看大家的評價，但我相信minä已經引發了口碑效應。也就是來白金台店看衣服、買衣服、穿衣服的人，將親身體驗分享了出去。穿著minä衣服的人，應該也被問過：「這件衣服在哪裡買的？」

每天開店成了我最期待的事情，客人駱驛不絕，我也迫不及待設計新款式。光是一個月的營業額就創下歷史新高，直逼過去一整季，也就是六個月的總額。

創立直營店，果然意義非凡。在我們親手打造的空間親自接待顧客，能傳達出多少對服裝設計與創作的熱忱呢？接觸顧客的經驗，以及創立直營店後的經歷，成了我們決定品牌方向的大原則。

我也會到店裡露臉，直接面對客人，針對布料及縫製講解，並告訴顧客：「您大可以放心穿，穿久了破掉再拿回來補就好。」

常有人說minä的服飾「很復古」，「花紋、版型帶有懷舊感」。因為minä著眼的地方跟流行服飾不一樣，流行服飾是在「趕」流行，而minä的衣服並不會因為「趕」季節便換色。minä的服飾從不打折拍賣，因為它不是過季就不能穿的衣服。如果客人穿久了，衣服脫線、鈕釦掉了，我們也提供縫補服務，因為minä不願辜負花大錢買下minä服飾的客人的信賴。流行服飾只要過季就不能穿，價格也會下滑。而minä不願和顧客處於每季都會結束的緊張關係，我們希望建立穩定、親密、長久不變的連結。

還有熱心的客人表示，賣minä服飾的商店愈來愈多了，希望minä不要變得那麼氾濫，有些客人甚至當面和我提這件事。此時我都會告訴客人：「minä並不是毫無節制地量產，而是製作需要的數量，讓想穿的人都穿得到。」

由於直營店生意極好，加上還有店面的訂單，考量工廠產線並決定產量，就成了一件困難的事。以前門可羅雀時，產量相當固定，現在若因為銷售額大增就大量生產，難保不會賣不完。minä從不折扣拍賣，因此必須降低佔用庫存的風險。

將工廠產線織出的布料全部拿來做衣服，服裝數量可能會過多。為了避免服裝過剩，我決定只取需要的量裁衣，剩餘布料則拿來做其他小東西。只要在布料上刺繡，換個造型或用途，同一塊布料也能重獲新生。思考如何將布料物盡其用，跟設計新衣服所耗費的心力差不多。

在時尚界，如果拍賣後依然賣不完，衣服就得作廢，包含倉庫裡的布料以及樣品服。近年來業界雖逐漸正視作廢的問題，但在當時並沒有這種風氣。

我不想遵照那套模式。撇開理由，光在情感上我就做不到。這種物盡其用的觀念，應該是源自於我在漁市打工的經驗吧。殺鮪魚時若不沿著骨頭，魚肉就會殘留在魚骨上，因此老闆總是告誡我不能浪費，嚴格地教導我如何將鮪魚處理乾淨。日本料理尤其注重不浪費的觀念，將鯛魚切成生魚片後，魚頭、魚骨便會拿來煮魚湯，或做成甜甜的紅燒魚下巴。這麼一來鯛魚便不會浪費，還能迸出新滋味，體現做菜的創意。該如何善用材料，不論是縫衣或烹魚，道理都一樣。

我從三坪大工作室時期就親自下廚，深知食材與菜餚的關係，而我相信沒有道理服飾就做不到。艱困時期的打工經驗，就像用來煮魚湯的魚骨。這些經驗烙印在我的身心，對我做衣服的觀念影響不小。

## 在「SPIRAL」辦展

二〇〇二年，也就是開設直營店後兩年，minä在表參道的「SPIRAL」辦了第一場展覽，當時我的第二個女兒剛出生。

之所以辦展覽而非時裝秀，原因很簡單。除了時裝秀觀眾有限以外，最主要的原因是邀請時尚界記者出席實在太花錢了。布料得花錢，縫製也得花錢，錢應花在製作「讓顧客穿的衣服」上，才更有意義。

不辦時裝秀而改辦展覽的話，客人就能好整以暇地看衣服，記者也能慢慢採訪。

「SPIRAL」的展示空間「SPIRAL GARDEN」採免費入場制，路過的客人都能隨意進來參觀。除此之外，我也非常希望minä的服飾能陳列在「SPIRAL」建築師槇文彥先生所設計的空間內。SPIRAL一樓的商店有賣minä的創意小物，我便藉機詢問是否有機會辦展。由於是我方主動提議的展覽，SPIRAL GARDEN只能以租賃形式出借。租金遠超乎我們的預算，minä根本負擔不起。

但我不願放棄。我提議展場上販售的商品批發價能比平常更低，絞盡腦汁說服SPIRAL，想讓對方知道辦這場展覽很划算。幾次商討下來，當時的策展人、現在的SPIRAL館長小林裕幸先生給予了善意回應，答應我的請託。

既然要辦，就要讓展覽成功。我希望這場展覽能營造出逛展特有的體驗，而不只是單純展示minä的服裝和創意小物。為此，我拜託了負責規劃展區的菊地敦己先生，請他多多費心。

最後我們決定提供展場限定的特別訂做服務。客人可以在展場上訂製minä的經典迷你包，挑選兩款喜歡的布料當作表布與內襯。消息一出，客人紛紛聞風而至，甚至一早就大排長龍。迷你包最早的用途是讓客人輕鬆帶出門購物。這項創意小物在當時正好大受歡迎，這下又能親自挑選布料訂做，在「限定」的誘惑之下，人潮接連不斷，有時還得排隊。展覽的商品也比想像中熱銷，觀展人數超過兩萬人次，連「SPIRAL」都嚇了一跳，說他們對辦展成果相當滿意。自那以來，每逢創業十週年、十五週年、二十週年，minä都會在「SPIRAL」辦展，而且不只第一次展覽旗開得勝，之後每一次也都大獲成功。「SPIRAL」的五樓，現在也開了附設咖啡廳的minä perhonen店鋪「call」。與「SPIRAL」長久合作的緣分，促使了這間嘗試性質的店面誕生。

## 雇用與展店

在第一場展覽擔任志工的田中景子，後來成為我的助手，現在則是minä perhonen的決策者之一。田中從京都精華大學畢業時，寫了一封信給我，說她想在minä工作。信上的字跡清麗娟秀，用字遣詞也很得體。

當時我正準備在京都的藝廊空間辦小型展覽，便與田中約在會場見面。眼前的田中身著豹紋襯衫、穿著鼻環，看起來實在不像喜歡minä而來應徵的人。她說自己在京都精華大學主修織品，畢業後於京都祇園的茶館打工，聽常去的髮廊設計師說：「妳不是在學織布嗎？這間公司感覺不錯。」才知道minä這個品牌。我問她想在minä做什麼，她說想要設計。她與其他應徵的人截然不同，作風獨樹一格，此外，她還有一點勾起了我的興趣。她雖然跟我一樣立志當設計師，卻從不迷戀品牌，這倒挺有意思的。

總之，我請她先來minä在SPIRAL舉辦的〈粒子〉展當志工。看得出來，她的外表雖然標新立異，內心卻有一股堅定不移的信念。這是飽經歷練，撐過風吹、日曬、雨打才會呈現的人格特質。當然也有可能是我高估她了，但我還是憑著直覺雇用了她。比起平均表現都很亮眼的資優生或不犯錯的乖寶寶，田中綻放的異彩更吸引我。

田中入社後，我問她要不要試著設計布料，她便開始製作拼貼畫，創作出了日後的拼貼花紋布「triathlon」。首先，她在圖畫紙上塗滿顏料，做出好幾張色紙，然後像大正時期誕生的畫家山下清一樣，將色紙撕碎、拼貼起來。這個過程持續了一到兩週，她卻絲毫沒有倦怠。

她的專注力相當驚人，不會受任何人影響而在創作上舉棋不定。她對繪畫自有一番執著，這份韌性正是經營者所需要的，後來她也的確嶄露了頭角。田中果真如一汪深潭，未來不可限量。

不知不覺間，認識mina這個品牌的人已經不在少數，開設直營店，讓我們得以直接接觸這些客人。「做想做的衣服」的理念，在直營店開設前後都沒變，只不過以前是站在懸崖邊做想做的衣服，現在是改在寬敞安全的地方做一樣的事。而且，還有可靠的夥伴陸續加入。

「minä」這個品牌一直以來都在跑道上低速滑行，不知不覺間竟然輕飄飄地起飛了。準備的時間非常漫長，但正因為漫長，知名度都是穩紮穩打累積起來，絕非一夕爆紅，也因此上了軌道後穩如泰山。起飛後看到的風景，和過去截然不同。

一九九五年創業時，我在A4紙上寫下了「至少延續百年」的願景。這不是要寫給別人看的，而是要提醒自己好好培養「minä」，別讓它在自己這一代終結。從百年的觀點來看，minä等於才剛起步，還有滿坑滿谷的事得做。拓展直營店後，這份心情依然不變，未來還有很長的路得走。

當時只要有新銳設計師出名，服飾公司就會進行企業併購，將該品牌買下。創業設計師將自己的品牌賣給服飾公司後，雖然能繼續以設計師的身分經營品牌，可是一旦賣出，品牌走向就不是自己能決定的了。儘管也有公司找我買品牌，但我既然寫下了「至少延續百年」的心願，就不可能接受那種提議。

「至少延續百年」就像我對自己簽訂的合約。我可以幫「minä」起頭，但要讓minä成為心目中的理想品牌，光靠我這一代恐怕力有未逮。不過，至少在這百年中的三十年，我會竭盡全力，之後再託付給夥伴。我跑過接力大賽，深知「接棒」的意義與價值。交出肩上的布條時，我絕不能氣喘吁吁、東倒西歪。我必須在下個跑者助跑時全力奔馳，將布條好好交給對方，將未來託付予他。

我的工作是提供土壤，讓minä樹立百年。這份使命與責任感，在我心中已然茁壯、屹立不搖。

# 第六章 為何要在國內生產服飾

## 良心與商業計畫

我的工作態度在他人眼中，似乎理想得莫名其妙。

我不在工資便宜的國外生產衣服，只因為我想保住國內紡織業者的飯碗。我從不特價，這樣客人穿的衣服才能保值。有人說，現在已經沒有服飾業者願意做這種事了，皆川就是太有正義感、太俠義心腸了，這種置利潤於度外的態度過於天真，根本不切實際。也有人質疑這種作法根本撐不了多久。

既然有人說我置利潤於度外，那我就得解釋一下了。面對創作，態度到底該怎麼拿捏？如果說，像我這樣正面思考叫做「正義」，那就代表從「正義」出發，更能締造好的循環。若有人緊咬：「那商業計畫怎麼辦？」我會回答：「與國內紡織產業緊密合作，能持續創造高價值的工作，提高彼此的收益。」

若我真的置利潤於度外，minä早就倒了。我希望的是秉持信念做生意，創造社會價值——以這樣的理念與態度為基石，繼續生產服飾。

與國內業者共事，有兩大目的與優點。

第一是我想縮短物流的時間與成本。工廠將試作品寄給我，我再寄回去，這段來回修補、調整方向以完成產品的過程最花時間，若工廠太遠，或者其中有其他業者介入，就得花費更多時間、消耗更多成本，那樣太浪費了。

第二是方便與生產者溝通。

布料、服裝設計、細節從創意發想到實際生產，需要不停地摸索，有時也得和生產者面對面商談。必要時能否跑一趟工廠，站在機器前與技術人員討論——這種安心與信賴感不可或缺。而且與其把成本和時間花在物流上，我更想花在商品本身上。所以我當然不能因為國外人力便宜，就將產線移到國外。

現在我們直接合作的工廠，在國內約有二十間。其中，有四間是一年到頭皆緊密往來的紡織廠，另外約十六間雖然會依季節增減訂單，但也都有持續合作。

與當初創立時相比，合作工廠的確增加不了少。這些廠商各具特色，只要他們願意接單，合作就會一直持續下去。minä服飾的命脈在於布料品質，若連這都無法把關，就遑論要成為百年品牌了。

白金台直營店開幕後經過四、五年，minä選用上好布料的信念不脛而走，還有對自家布料信心滿滿的布莊毛遂自薦。大概在年銷售額達到六億日幣時，太太懷了第三個女兒，我成了三個孩子的爸。那時我讓歐洲批發商看了minä的衣服，對方也下了訂單，開始在巴黎辦展。

紡織廠中，合作關係最緊密的四家分別是創業以來一直照顧minä的「神奈川蕾絲」、在八王子以雅卡爾布料聞名的「大原織物」、京都印刷廠「西田染工」，以及福井的天鵝絨工廠「山崎絲絨」。與滋賀縣石部的印刷廠的緣份也令我無法忘懷。說也奇怪，每次與工廠合作，總是透過人脈介紹而開始。

當時我剛創業，一名紡織業的友人告訴我：「有一位很有趣的社長，你要不要見見他？」我拜託他幫忙介紹，認識了經營印刷廠的木村社長。他是個笑容可掬的人，仔細聆聽我想打造什麼樣的品牌、並且充分理解我的目標後，他介紹了好幾家合適的紡織廠和其他廠商給我。然而在當時，我根本無法預測自己做的衣服能賣出多少件。至於工廠是否願意接單，不實際談過也不知道。

一般來說，如果不按照工廠產線指定的數目下訂，廠商便不會接單。因為合作期間，工廠必須騰出人手控制機械織布，結束後還得維修器材。如果只訂少量就會非常麻煩，根本划不來。若有大訂單，自然會優先處理。不過木村先生卻選擇為剛出發的mina加油打氣：「你現在只要訂需要的量就好。我相信以後你的訂單數一定會成長，在那之前我來想辦法，你就別操心了。」真的非常感謝他。

木村社長的印刷廠除了提供普通染料的印刷以外，還擅長天鵝絨材質的植絨轉印、金屬箔轉印、布料貼合等特殊印刷技術。一九八〇年代正流行所謂的「DC名牌」（Designer's & Character's brand），COMME des GARÇONS、ISSEY MIYAKE等迅速擴張的品牌紛紛下訂精緻的特殊印刷布料，木村社長的印刷廠便隨著DC名牌一同壯大。進入九〇年代沒多久，泡沫經濟破裂，時裝業界逐漸沉寂，或許木村社長才因此放眼未來，希望能多培植一點新手品牌吧。

但在二〇〇五年，木村社長的工廠失火，機械、材料全部付之一炬。木村先生決定幾年後在同一地點購買新的機械重建工廠，但在工廠焚毀、無法運作的那段期間，老顧客只能由其他工廠接手，日子久了，生意難免就被別家工廠搶去，再也回不來。可以想見重建一定非常辛苦，就跟mina過去接不到訂單一樣。然而就在木村先生振作起來，決定「再拚一把」時，卻不幸病逝了。木村先生走出火災陰霾、力圖重建時，mina終於有了比較充裕的資金，幾經思考後，我借了一大筆錢給他。這事我沒有和員工商量，也沒有請木村先生立借據。我只希望能幫助他，畢竟他於我有多年的恩情。

原本管理工廠的人，如今另外成立了新公司。mina在展場上送給客人的提袋圖案，就是拜託這間公司印刷，每季我都會請他們用毛茸茸的植絨轉印，印製不同的花樣。只要曾在工作上結緣，我都希望能延續緣分。與我們共事的工廠許多都是家族企業，或者在當地扎根的家庭式工廠，因此我一直把「避免家庭工廠倒閉」半視為我們的使命及責任。為了讓承接較多mina訂單的工廠別出現空窗期，我總會隨時留意布料的庫存狀況，整理出對彼此都較好的下訂時機。

## 生意與責任

我從未忘記minä是白手起家，所以也希望盡可能照顧技術優秀、工作細心、值得信賴的小工廠，並以此為前提讓設計愈趨完美。自從這麼下定決心，我便以這為圭臬來發展minä的事業。這種態度並非刻意為之，而是自然形成的。

現在我偶爾還是會想起小時候的一些回憶。我在國小曾經遭到排擠，也常常跟人打架，身邊也有同學被欺負。每次大家要一起玩耍，我總會去找被欺負的同學，拉他們一隊。究竟我這種舉動源自什麼經驗，又是什麼心態，現在我也搞不清楚。不過，與其說是正義感，那大概更像是一種動物的天性吧。

拿被欺負的人來比方或許不太恰當，但我覺得天鵝絨、蕾絲就像他們一樣，這些布料被時尚業排擠，漸漸就從伸展台消失了。時裝業界通常會以原價率為基準來考量設計，導致天鵝絨不受歡迎，逐漸沒人使用。雖然紡織廠開的天鵝絨單價確實很高，但它畢竟擁有其他布料缺乏的觸感與質感，所以倒也沒有貴到不能使用。在我小時候，參加鋼琴發表會時穿的禮服就是用天鵝絨做的。天鵝絨布料象徵著高質感，曾幾何時這樣的形象竟不復存。

蕾絲最大的需求是內衣用料，然而內衣在國內皆被大廠獨佔，產線移到中國後，國內蕾絲工廠便倒了好幾間。結果服飾便鮮少使用蕾絲了。即使進入時裝公司成為設計師，現在應該也沒什麼機會用蕾絲做衣服。即便想用蕾絲設計，業務部或行銷主管八成也會因為成本太高而否決。除非用什麼布料由設計師決定，否則很難使用蕾絲，這就是現今的趨勢。

這在出版業也一樣，除非是全集，否則現在的書幾乎不附書盒，布質封面和書名燙金也極其少見，大概都是因為成本太高而遭到否決了。只因為花費太高，便捨棄這些讓視覺、觸覺更美妙的技術，犧牲了閱讀體驗，實在太可惜了。蕾絲及天鵝絨也一樣，它們能讓穿搭的體驗更美好，甚至轉變心情，設計師不用這些布料，無異於自我侷限了設計的可能性。只看成本數字，體會穿衣者心境的想像力便會愈來愈枯竭。

傳承百年技藝的師傅一旦失業，世上就不會再有這個行業。機器也一樣，不用的機器最後只能報廢。即使有百年基業，傾頹也只在一瞬之間。即便要重建，機械與師傅也很難立刻就定位。

天鵝絨與蕾絲不論技術、設計都是一流的，在過去賦予人們穿搭的喜悅。如今卻因為麻煩、昂貴等理由，受時尚趨勢影響而逐漸沒落，淪為遭人遺忘的布料。然而將這些大家不屑一顧的天鵝絨和蕾絲融入設計，正是minä獨一無二的品牌特色之一。

再稀奇古怪的設計，只要民眾喜歡，就會有人跟進，這種現象在每個時代都會發生。包括我們常在服飾設計中融入刺繡，也有人效仿。刺繡看似喀噠喀達不停往下縫，實際上卻是以針數計價，成本很好估算。隨著minä知名度漸廣，市面上也開始出現模仿minä刺繡的商品。不過只要仔細觀察，就會知道兩者天差地別。仿冒品當然要賣得比minä便宜，因此刺繡的針數勢必會減少。針數少了，刺繡就不牢靠，會變薄、變小。相較之下，minä的刺繡做工昂貴，自然不可能輕易模仿。

但也不能放任冒牌貨在市面上四處流通。若發現擺明模仿mina的贗品，我就會不厭其煩一一聯絡廠商，請他們主動撤架。不過，我從不擔心mina的設計本質被剽竊、超越。只要我們真材實料、用心守護品牌——只要還有這麼一天，mina就無所畏懼。

## 監督的雙眼

對品牌而言，設計是精神指標，是守護員工的堡壘，也是開闢未來的武器。

我設計的圖案皆由我親手繪製，但在拍板定案的過程中，有時我會從員工的點子獲得靈感，有時會借用員工的草稿進一步繪製。但即使如此，我的設計仍像國王的新衣一樣，變得高不可攀，沒有人敢指點批評，這令我十分頭痛。再這樣下去，mina只會不斷退步，要是淪為一言堂，對公司而言絕對不是好事。適當的批評是必要的。哪裡好、哪裡壞，都需要有人提出來讓大家知道。一個「至少延續百年」的品牌，勢必得有一雙眼睛負責監督，才能不斷突破傳統。

而這雙客觀、公正指點我設計的眼睛，就是當初見面時身著豹紋襯衫、穿著鼻環的田中景子。進公司已逾十八年的她，現在除了管理整體的經營，也以設計師的身分每季繪製三到四種圖案。當我想知道自己設計的花紋，在minä每一季的主題與氛圍下，評價到底如何時，我就會先問田中的意見。

聽到好話就高興是人之常情，我也會因為獲得讚美而充滿幹勁。但田中從不會為了討好我而刻意說好聽的意見，她不是那種只會講客氣話或想揣摩上意的人。對於我設計的圖案，她會直截了當、具體地指出問題，像是「感覺太可愛了」或是「這個花紋應該再大一點」，因此我非常信任願意對我提出批評指教的田中，也很重視她的想法。

田中這種態度不只對我，在任何場合、面對任何立場的人都一樣。她從不畏懼、不鄉愿，不論面對層級再高的人，一旦處境不利於minä，她都會將自己的想法整理好，用得體的字眼勇於直諫。她是個心志堅定、能夠挺身而戰的人。田中進公司前曾於紐約生活一年，又在祇園的茶館打過工，想來她一定探索過這個世界，努力吸收知識，且學會如何保護自己。田中在學生時代還練過空手道，取得過段位。

當我們的品牌愈來愈常與大組織、大企業合作，總會遇到某些公司仗勢著規模和力量而不可一世，將minä視為下游外包商。田中在這種時候也能堅持住平等的立場，冷靜表達我方的考量，而且不可退讓的地方就一步也不讓。

minä是一間以和為貴、不好戰的公司。正所謂以退為進，本來就應該避免不必要的爭端。但若一個組織總是事事以和為貴，又會怎麼樣呢？

在組織、公司底下工作，懂得表達自己的意見非常重要。讓個人染上公司色彩，為組織賣命、做牛做馬，或許曾經締造驚人的經濟奇蹟，但那樣的時代已經結束了。當那些做牛做馬的人坐上責任重大的位置時，自然也會希望有人乖乖聽話、為他賣命，於是不得批評、不能有意見的環境便根深蒂固了。頑固而缺乏彈性，容易一碰就碎。員工若都唯命是從，公司就是脆弱、岌岌可危的。這種充滿盲從，腦袋空空、缺乏信念的企業，毫無未來可言。

學生在找工作時，很多人會覺得要入境隨俗，配合應徵公司的風氣，但對於認真放眼未來的企業而言，只知配合的學生不過就是保守的乖乖牌罷了。如果一間公司只要乖乖牌，未來怎麼可能會有突破？

我希望minä能成為兼容並蓄的公司和組織，讓能力比面試官強，甚至令面試官跌破眼鏡的人都能發揮所長。其實這也是在測試公司的度量。當然，我不要求所有員工都得像田中一樣，但就算只有田中這麼一雙眼睛，也能大大左右minä的命運。

## 天使的力量、承擔的力量

公司和組織就跟大自然一樣，必須擁有多樣性，才能長久生存。若變成一言堂，就會失去養分、逐漸衰敗，最後一蹶不振。從創業時代便追隨minä的長江青，與藝術家先生結婚後，在柏林長住十多年，但她依然是minä的員工，偶爾回日本幫忙。後來夫妻倆決定回日本，再度成為minä的專職設計師。

長江待人總是不疑有他，堅信人性本善，這份單純彌足珍貴。創業至今，這項特質絲毫沒有減損、變質。如今她的單純和善良，仍然令我吃驚。

她在大學畢業前兩年一直無償為minä工作，唯一的補貼就是交通費（不過餐點皆由我準備，也算是有「供餐」吧）。大學畢業後她繼續待在minä，成為陪我自創業時代一路苦上來的唯一元老。

前面也提過，白金台直營店開幕後，minä總算有了利潤，我想幫她加薪，將那兩年無償工作的薪水補給她，她卻說：「以後minä會加雇更多人手，說不定也會有人加薪後更有幹勁，倒不如把我的份給他們，我維持現狀就可以了。」要不是長江親口對我這麼說，恐怕我到現在依然不敢置信。

那兩年，minä幾乎沒有賺到一毛錢，我卻能按捺住愧疚，繼續讓長江來幫忙，不外乎她的態度我都看在眼裡。工作時的她沒有一絲雜念，即使她什麼也沒說，我也看得出來——minä不是我一人的夢想，也是長江的夢想，因此她並不是在「為我」工作。倘若少了長江一開始的扶持，minä現在會怎麼樣呢？如果要我以直覺來比喻，倘若世界上有神，那她就是神派來的天使吧。真是段奇妙的緣分。

長江現在除了帶領公關部門，負責宣傳，也以設計師的身分經手長銷商品tori bag及飾品。

以品牌公關而言，長江算是與眾不同。她不是個八面玲瓏的人，從不做表面功夫，也不懂得拍馬屁。她很天真、甚至有點傻呼呼的。但正因為她擁有這些特質，每次在展覽和開幕式上，總有許多人期待見長江一面。她對所有人都一視同仁，從不以階級身分評斷他人。或許那些很看重自我頭銜、地位的人，會覺得應該凡事以他們為優先，但卻從來沒有人發出怨言，我想，是因為大家都知道「長江小姐並不是會囿於長幼尊卑的人」吧。大概是長江很清楚什麼最重要，所以覺得沒必要做多餘的客套功夫。

十二年前，她與旅居柏林的藝術家結婚，搬到德國居住。她來找我商量能否去德國時，我立刻回答：「放心去吧，但希望妳能思考一下minä在柏林，甚至在歐洲可以做什麼，我會付妳薪水的。」當年要幫長江加薪，她婉拒了，如今正好藉著這個機會，答謝她的人情。

考量到旅居國外的稅金，我讓長江與minä的契約從社員轉為業務委託，但長江依然是minä的一分子，並以這重身分啓程前往柏林。後來，每逢巴黎時尚展等歐洲盛會，她總會從柏林趕去參加。

自從長江到柏林生活，我才開始思考萬一我過世了，該將mina託付給誰。要率領「至少延續百年」的品牌，田中是第一把交椅，這點我毫無疑問。一打定主意，我便立刻找田中商量。田中的能力跟經營並不能完全劃上等號。單純就經營能力而言，擁有MBA學位的人，以及諮詢專家應該都能勝任。但田中的個性、處事風格與他們截然不同，她更狂野、感性，要是出了什麼事，就算拋開數字，她也會死守品牌。

那大概是一種承擔的力量吧。

我愈來愈認為，品牌不能只以經營的角度來管理，而必須加一點狂野的感性。而田中擁有這份能力。

## 回歸D to C時代

二〇二〇年是mina創業二十五週年。這麼多年來，我很少下過重大決策。拓展新直營店雖然是業務要事，卻不太會動搖經營層面。而至今為止，我也沒有遇過一不小心判斷錯誤，就令公司陷入危機的重大專案。不過，時代與狀況不斷在變卻是事實。例如，網路已經完全滲透進顧客的日常生活。在這種環境下，minä能為客人做些什麼呢？這應該是大時代賦予我們的課題吧。

近十年左右，合作店家紛紛在網站上賣起minä的商品，趨勢有增無減。minä之所以在全國各地實體店上架，無非是為了提供空間展示我們的衣服，讓客人能實際挑選、購買。居住在外縣市的客人，能在當地服飾店接觸minä的服飾，是一件充滿意義的事。minä能在各地開枝散葉，全賴合作店家的功勞，這點我至今依然由衷感謝。

不過自從出現網路商城，除了照樣將衣服送到各商家以外，也有很多衣服不在店裡擺出來，而是直接寄送、賣給在網路上看照片購物的客人。

minä剛創業時，做生意的方式主要是少量批貨給全國各地的選品店，也就是複合品牌專賣店。之前我曾提過，當時的服飾店並不青睞日本品牌，多數店家都以賣國外品牌為主。不過，儘管環境嚴苛，願意與minä合作的商家仍慢慢增加。透過選品店，minä得以服務更多外縣市的客人，讓大家挑選、試穿，看見並接觸minä的心血。

但是隨著網路普及，生活各個層面都離不開網路之後，連服飾網購都漸漸成了主流。而且比例愈來愈高，速度愈來愈快。

網購沒有地理限制，只要連上網，客人住在再遠的地方都能輕鬆購物。因此大多數選品店除了照顧店裡的客人，也透過自家網路商城擴大通路，賣衣服給全國消費者。長期下來，消費者就會集中在擅長管理網站的幾個商城，導致地域性逐漸消失。而讓店員與客人處在相同時空，透過聊天介紹minä服飾的這種待客之道，也會逐漸式微。

對此，我做了一些反省。D to C（Direct-to-Consumer，直接面對顧客）的銷售模式一直是過去的主流，但既然我們做的衣服在其他商家的網站上販售，那麼minä也應該打造官方網路商店，讓顧客逛得盡興。身為創作者，這才算是對消費者盡到責任。至於營運方針，直營店著重於突顯每個店面的特色，網路商店則應該盡量滿足多方顧客的需求。隨著品牌知名度上升、規模擴大，minä的服飾在零售業打下口碑，銷售額屢創佳績。可能有人認為這是曇花一現，但我的目標既然是「至少延續百年」，未來就會繼續走下去。爆紅也伴隨著巨大的風險，為此我必須時常檢視minä的態度，確認是否正確，但我們也不想被潮流吞噬。minä要自己掌握銷售的方法。

現在，到底該把精力集中在哪裡呢？答案當然是衣服了。往後minä要更致力於和技術好的工廠合作，做出品質更佳、令人愛不釋手的服飾。不是盲目地衝高銷售額，而是將資源集中在提升minä衣服的品質。我們要做出更好的衣服，要重振旗鼓、調整狀態，讓消費者感受到minä的用心。

為了成為「至少延續百年」的品牌，養足體力、鍛鍊肌肉，讓全身處於最佳狀態的時刻已經來臨了。

## 讓公司持續發展

一直以來，minä的網站都不是為了銷售衣服而設立，而是像布告欄一樣，用於傳達消息、資訊。但要經營品牌，善用網路與顧客互動也是必要的。同時，也必須加強直營店，吸引客人遠道而來。為了讓消費者來店裡愉快購物、締造美好體驗，我們必須讓直營店變得比以往更令人眼前一亮。要做的事還多著呢。

隨著與顧客的互動產生變化，每位員工負責的工作內容也必須隨時調整。若過於保守、流於公式化，就會忽略新的可能性，扼殺了沉眠在其中的改變的種子與嫩芽。對於「至少延續百年」的品牌而言，固然要遵循傳統，但也必須勇於改變，這兩者都會賦予我們持續的力量。迄今（二〇二〇年四月）為止，minä共有一百多位正式員工。一直以來，都是由我決定所有人的薪資。我會詢問田中和總務負責人的意見，傾聽各部門成員的詳細狀況，再決定最後的數字。

每年兩次的獎金也是由我決定。或許不是每年都有，但除了獎金，我還希望親筆寫信給每個人。內容無關審核和評鑑，而是想感謝員工。當然，寫給每個人的內容都會不同，長度大約是一張A5信紙，而且全部手寫。有了這封信，即使外縣市直營店員的工每年只能見到我兩三次，也能多少感受到我的關懷吧。

minä基本上不開朝會，因為我覺得個人演講太佔用大家的時間了。當然，若有需要，頻率大約是一個月一次。我也會在每年的創業紀念日，於鳥居坂的國際文化會館召集全體員工，舉辦一年一度的慶功宴。然後將自己接下來想做的事、一些想法，用兩、三分鐘向大家簡單報告。

我不喜歡自己一個人講個沒完，因此格外重視讓各部門討論議題的群體會議。我只負責坐在一旁聆聽，絕不當場否定員工的想法或另提意見。要是我說了什麼，我的意見就會被當作結論，員工也會顧慮到我而不敢討論，那樣就失去群體會議的意義了。群體會議上，大家討論的議題都很正面，像是如何讓公司更好、如何改進服飾設計與直營店的營運，所以我只需要安靜聆聽就好。

到直營店和店員一起在打烊後吃飯，我也都在聽大家聊天，就像空氣一樣。但我會將大家的聲音聽進心裡，轉化為minä未來的方向與經營策略。經營品牌就像植樹，必須修剪枯枝，將妨礙生長的枝幹剪除。若有什麼會令我們拚命打造的minä價值下滑，我就會毫不留情將它除去。這麼一來，樹木便能在陽光、泥土、雨水的滋潤下成長茁壯，minä就能自行運轉。

我還開闢了另一條路，幫助minä蛻變。為了長期經營品牌，我設立了一間不同於minä的控股公司。為什麼需要控股公司呢？因為我想讓「至少延續百年」的品牌宗旨及其結構基礎更加穩固。我把持有的公司股票全數轉移到控股公司，以便將來能交棒給願意扛起責任，帶領minä的人們。minä雖然是我獨自創立的公司，現在卻擁有許多夥伴，「至少延續百年」的品牌展望也愈趨鮮明、具體。換言之，我們已經站在通往百年的那扇門前，將來公司將不再是我一個人的。

二〇一九年起，於東京都現代美術館展出的「minä perhonen / minagawa akira TSUZUKU」特展，以各種角度俯瞰了我們過去的心血結晶，我也藉此一面回顧，一面思考將來的設計方向，播下創作的種子。這場特展不僅是為了前來觀展的民眾而設，也是為了我們自己的將來而設。

距離創業已歷經四分之一世紀，完成了「至少延續百年」中的二十五年，我希望願往後也能繼續照料「minä」這棵樹，讓它更加茂密，結出小卻鮮豔的果實。相信minä超過百名同仁，都跟我擁有相同的信念。因此現在，我必須為「minä」奠定新的基礎。

# 第七章　培育品牌

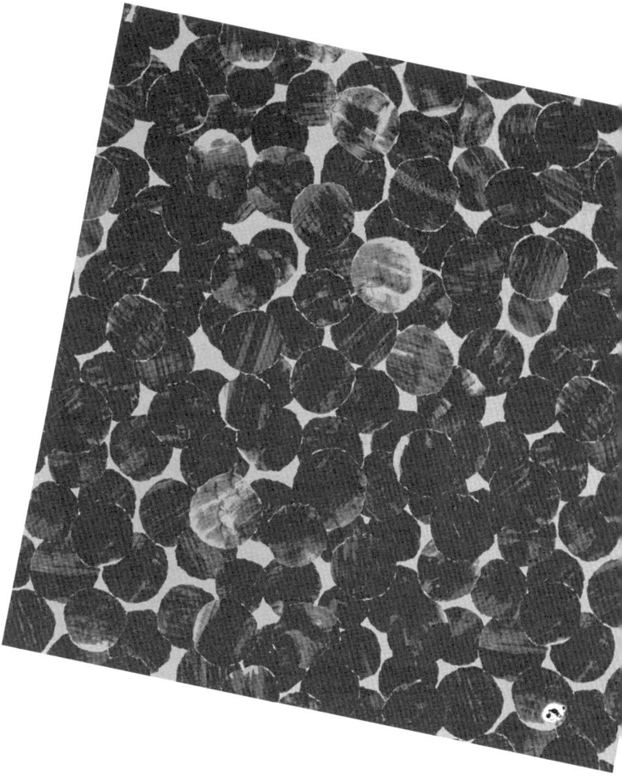

## 不做「showpiece」

在這裡，我想將時間倒轉一下，回到「minä」創業後第八年——二〇〇三年。那年，我將品牌名稱改成了「minä perhonen」。如今回想起來，當初會在二〇〇三年這個時間點重新思考品牌名稱，似乎一切都是註定好的。

我們的品牌特徵是什麼呢？

最大特點大概是服裝帶有豐富的花紋吧。大自然裡，什麼生物以花紋美麗著稱？我腦海中立刻浮現蝴蝶。人們穿著衣服，就像戴上了蝴蝶的翅膀。全世界都能見到蝴蝶的蹤影。蝴蝶翅膀的圖案千變萬化、美不勝收。如果能做出像蝴蝶翅膀一樣的衣服，一定很棒。

成立品牌的奔波、與廠商之間的交流，在我心中也與蝴蝶翩翩起舞的模樣交疊。蝴蝶總是拍著翅膀，輕飄飄地從一朵花飛到另一朵花。而我們做衣服也是在人與人之間穿梭，把衣服從這個人交給下一個人。蝴蝶雖然努力揮動翅膀，但速度不像燕子能一飛沖天，耐力也不如斑頭雁能飛越海拔超過八千公尺的喜馬拉雅山脈，但帝王斑蝶這種蝴蝶卻能飛越三千公里，從北美遠渡墨西哥。蝴蝶看似輕盈嬌小，卻能飛得極遠。

蝴蝶的芬蘭語是perhonen。發音圓潤，聽起來很悅耳。於是從二〇〇三年起，我將品牌名改成了「minä perhonen」。隔年也首度在巴黎舉辦了「minä perhonen」展。

大家對巴黎時裝週的印象，應該不外乎模特兒穿上為展覽特別設計的華服「showpiece」，在伸展台（類似歌舞伎「花道」的狹長舞台，別名「catwalk」）上走秀吧？除非是時尚相關人士，否則一般讀者可能對時裝週不太瞭解，因此我想先針對模特兒穿的「showpiece」簡單說明一下。「showpiece」是一種概念與一般服飾脫節、設計奇特、現實中不可能穿著的衣服。一定會有人滿腹疑惑：既然如此，為什麼要讓模特兒穿呢？我在幫JUNKO KOSHINO準備巴黎時裝週時，也以為模特兒穿的衣服會在當季擺進店裡，也真的會有顧客來購買。

其實「showpiece」是「為表演而創造的作品」。設計師會善用各式各樣的造型、圖案、顏色、材質，將當季的新點子或主題融入服飾裡，打造成藝術品。也可以把它想成是當年的品牌設計指標，只是表現手法比較誇大。至於誇大幅度則依設計師而異，因此並非所有「showpiece」在「現實中都不能穿」，但不論如何，設計師都會竭盡所能將創意發揮到極致。

十九世紀後半葉到二十世紀初，只有特別富裕的人才能精心打扮，而時裝秀最早就是為了讓富人訂做服裝所舉辦的高級訂製服展售會。高級訂製服就是指獨立下單，請設計師為自己量身打造的服飾。以前這種展售會都是由香奈兒、迪奧等加入「巴黎高級訂製和時尚聯合會」的品牌所發起的。但自從一九七〇年代起，高級成衣席捲時尚圈後，海外設計師也能參加的巴黎高級成衣展售會也開始受到矚目，且規模年年擴大。現在所謂的「巴黎時裝週」，除了含有高級訂製服展售會以外，也包含了高級成衣展售會。

成衣人人皆可穿，不必預設特定族群，因此高級成衣的廣告開始以更震撼、更自由的手法來呈現。模特兒會穿上特殊服裝「showpiece」，走上伸展台展現設計師的高超創意。這種「showpiece」的目的不僅僅是穿，還大膽進化成了設計師美感、創意的象徵。

巴黎時裝週期間，整座巴黎市都會舉辦大大小小的展覽，有個展，也有團體展。只要能敲定藝廊等空間，任何人都可以辦展，但若要參加正式的秀就得通過審查。minä perhonen也是通過審查，才參加巴黎時裝週的。但我們並不打算製作「showpiece」。minä perhonen的創意已經全部濃縮在服裝裡了，若造型、細節特地為表演而設計，反而難以展現我們的巧思。我想讓做好的衣服直接推出到市面上，所以決定不為展覽額外添加東西，這樣更能傳達出我們的理念。我想讓店裡擺出來的衣服、讓客人穿的衣服，原原本本展示在大家面前。

第一次參展時，展場位在艾菲爾鐵塔過去的變電所。我只是個初出茅廬的新手設計師，因此參展時間訂在上午。若是知名設計師或時尚泰斗，大多會安排在晚上登台。

面對首度的巴黎時裝週展，我請了認識的現代舞舞者前來助陣。她從所屬的德國「法蘭克福芭蕾舞團」（即後來的「福賽斯舞團」，Forsythe Company）找來四名舞者，穿上minä的衣服即興演出舞蹈。最後，四名舞者在台上向觀眾致意「盡情享受時裝週吧」，為表演劃下了句點。

這位助我一臂之力的舞者，是我高中時代的同學安藤洋子小姐。當時她已經是世界知名的現代舞舞者，實力高強，也演出過小澤征爾先生和坂本龍一先生的歌劇。高中時她參加羽球社，而我是田徑社，彼此都加入運動社團所以互相認識、成為朋友。我原本完全不曉得她當上了舞者，直到前去觀賞一邊就讀文化服裝學院、一邊演出的舞者山崎廣太先生的表演，才發現與他搭檔的人正是安藤洋子小姐，自那以後我們便開始聯絡。她所屬的法蘭克福芭蕾舞團，也曾在八〇年代ISSEY MIYAKE的時裝秀中登場。還記得當初看到雜誌報導時，我非常感動，心想那一定是場精彩絕倫的秀。

minä perhonen的秀吸引了超過百位觀眾前來觀賞。老實說，我也不知道大家會不會喜歡這種融入現代舞的時裝秀，而且我們的衣服也不是「showpiece」。或許在觀眾眼中，這不過就是個名不見經傳的年經設計師品牌所搞出來的奇怪表演，但我還是想按照自己的想法去做，對於這點我們沒有任何遲疑。

第四次參加巴黎時裝週時，我拜託了建築師田根剛先生為我們設計會場。在他成為一名響噹噹的建築師之前，我就認識他了，彼此之間也有一些交情。

他原本立志當職業足球選手，高中時加入了市原千葉JEF聯的青少隊，卻因受傷而斷了成為職業選手的念頭。後來他在北海道學習建築，於在學期間前往瑞典留學，畢業後到丹麥從事建築工作。二〇〇六年他在愛沙尼亞國家博物館的競圖國際賽事中獲勝，這棟博物館完成後成了他初期的代表作，田根剛的名號也開始享譽國際。但我認識他的時候，他還只是個默默無聞的年輕人。那時代官山的「HILLSIDE TERRACE」正在舉辦新銳建築師的團體展，透過介紹，我在那裡認識了他本人，那是我們第一次見面。

在我確定參加巴黎時裝週後不久，他在巴黎也開了建築事務所。我臨機一動便聯絡他的事務所，拜託他設計會場，他也一口氣答應了。

我借了丹麥織品Kvadrat在巴黎的展示間當做會場。那是一棟鋼骨結構的建築，由艾菲爾鐵塔的建築師艾菲爾所設計。Kvadrat與minä perhonen之前就有合作，因此他們二話不說便答應出租會場。田根先生將會場布置成了四方形，而非像伸展台一樣的狹長空間，他在地板上鋪滿棉花，用鐵絲當骨架折出花朵，裝飾了一整面牆。我和田根先生都趴在地板上鋪棉花、忙著折花，這樣的工作持續了一整晚，直到天亮才完成。

模特兒就在這個像花海一樣的空間裡走台步表演。配樂我選用了東西屋（幫商家吹笛敲鼓打廣告的日本傳統街頭樂隊）的曲子，以及岸和田地車祭的囃子（一種日本傳統民間曲調）。音樂的意義會隨著聽眾的回憶而截然不同，這兩種配樂日本人聽了會感到很懷念，外國人則會覺得曲調、節奏非常新奇。

思考該如何配樂，堪稱服裝秀的最後一個樂趣。到了下一季，我想出一個新點子——不放音樂，改成現場吹口哨。會場跟之前一樣，但這次由我親自構想、布置。我在地板上黏了許多彩色膠帶來描繪圖案，每一條膠帶都是我親自貼的。我找了一個擅長吹口哨的人，向他點了披頭四的《Across the Universe》，但到了當天他卻突然辭職，告訴我「我吹不好，無法上台」，變成我得自己吹口哨臨時上陣。但我沒有把握能在秀正式開始時吹好，只好把錄音器材帶進會場的廁所，用廁所充當錄音間，將口哨聲錄起來在會場播放。

一連串的作業在手忙腳亂間終於趕上，但我不覺得辛苦，反倒認為被逼到緊要關頭時急中生智、盡全力克服，有一種全身燃燒的感覺——在十萬火急中全心投入的快感。現在我已經不再參加巴黎時裝週了，但假設當初沒有參與，一定很難有這番體會吧。

之所以不再參加，純粹是經營上的考量。參加巴黎時裝週所耗費的財力和勞力太過可觀。與實際做衣服所需的財力、勞力比對後，我認為應該把握有限的資源，將重點擺回製作平常的服飾。像我們這樣的小品牌參加巴黎時裝週，光是一季總共就得花費超過一千萬日幣。若是超級名牌，參加一次秀甚至會花上數億日幣。要展出作品，首先得製作比發表數量多好幾倍的showpiece，再配合模特兒來挑選款式，篩選到剩下數十件，其他大部分的showpiece都沒有機會登台。再加上頂尖模特兒薪資昂貴，光要請十個人出場，費用就令人瞠目結舌。

minä使用的布料是一公尺一萬日幣，換言之，辦一場我們這種規模的秀，就能採買一千公尺左右的布料。每年辦兩次，耗費的總額足以一年開一間直營店。之所以這樣換算，是因為我除了是設計師，也是老闆。如果minä創業時有人投資，而我只需要負責設計，那我大概就會拜託投資者掏錢，讓我們參加巴黎時裝週吧。年輕設計師獲得時裝秀大獎，或者知名品牌新銳設計師獨立創業後，為了讓品牌迅速成長，早期幾乎都會將目標定為舉辦時裝秀。於是漸漸的，錢就花在了製裝以外的項目上，為了收支平衡，又得忙著做其他東西，結果粉絲便逐漸流失，陷入惡性循環。這種情況在時尚業絕不罕見。

究竟mina perhonen該如何運用資源？那當然是把錢花在製作布料，把時間花在設計衣服上了。我們不追隨潮流，因為mina要打造的是「至少延續百年」的品牌，為此我們必定竭盡全力，過程雖然辛苦，卻甘之如飴。

## 京都開店「大不易」

二〇〇七年，mina在京都開了第二間直營店。關西有京都、大阪、神戶三大商圈，特地挑京都自然是有原因的。一開始我選在白金台開直營店，不外乎那裡環境清靜，不會太嘈雜。而在京都，某些區域也有幾處像白金台一樣幽靜的地方，而且京都的街道不會太大，散起步來剛剛好。京都有悠久的歷史與文化，同時也有國際觀。就像白金台一樣，附近有不少景點可以參觀。選在這座城市的話，來mina就不光只是為了購物，還能兼顧散步及觀光。

跟在白金台開直營店時一樣，我請人幫忙留意是否有好房子，有的話就聯絡我。每次一有消息我便跑去京都，親自走一趟觀察候選店面的屋況及周圍環境。有一棟樓房是我心目中的首選，每次去京都我總會感嘆「要是這裡空著就好了」，但裡頭進駐的都是同一批店家，而且已租了好幾十年，我只好打消念頭。然而就在某一天，常到那裡辦展的「Gallery Gallery」通知我「一樓要空下來了」，我一聽差點沒叫出來。我看房子看得很慢，自從到京都物色店面已經過了兩年，但正因為不趕時間，才能等到最喜歡的地點出現空缺。

那棟樓房興建於昭和初期，位在京都市下京區河原町通四條下市之町，鴨川的右岸，從阪急電鐵的京都河原町站徒步只需五分鐘，交通方便卻很幽靜。一樓原本的店家已經承租七十年，跨越三個世代，能碰巧讓我租下來，真是天上掉下來的好運。

關於裝潢、布置，我找了西堀晉先生討論。他原本是Panasonic的產品設計師，規劃過家庭劇院音響等商品，後來獨立創業成為自由設計師。他將五條的一棟老樓房重新改建，自己住在高樓層，於一、二樓開設efish咖啡廳，因此吸引了一眾粉絲（可惜咖啡廳已在二〇一九年十月歇業）。之所以認識西堀晉先生，是因為他的助理剛好是minä田中景子的大學同學，這又是一層不可思議的緣分。

決定進駐河原町樓房時，他已經被蘋果電腦挖角去美國當設計師了。進蘋果後，他以設計師身分在職場活躍了約十年，離開蘋果後目前居住於夏威夷。

由於西堀晉先生到美國去了，我改找田中景子的同學，也就是助理青木先生討論裝潢計畫、擬定細節。我把許多自己的想法告訴他，請他幫忙呈現，像是地板要用大谷石拼貼出馬賽克、衣架使用鑄鐵、入口的木門我想親自設計、窗框要透過一比一大小的設計圖額外訂製……還有天花板要挑高五公尺。完成的裝潢與白金台的直營店迥異，有種融合昭和初期摩登建築的氛圍。店員則從當地招募，畢竟要接待關西的客人，還是交給關西的員工比較自然。

我和一位朋友提起要在京都開店，他一聽就未卜先知地說：「在京都不容易喔。」實際展店後，他還試探性地問了我感想：「在京都做生意，果真不簡單吧？」大家都說新事物、新商店在京都得花很長時間才能被居民接納，還說時裝品牌若要在京都展店，最好以專櫃形式進駐百貨公司。這大概是比較安全的作法吧。但我已經花了許多時間尋找合適的直營店地點，精心打造出獨一無二的店面，因此即使走的不是保險的路，我也沒什麼好擔心的。

京都店的開幕日終於來臨了。當天一到，店還沒開，已有許多客人迫不及待地在門口排隊。來店人潮比白金台店開幕時更洶湧，後來的生意也和白金台店一樣好。

漸漸的，minä也把同一棟樓的別層樓租下來，改裝成合併展覽的商店、賣原創拼布創意小物的小鋪、童裝部、織品店等等，讓來到這棟建築的客人可以欣賞minä豐富多變的創意。不少消費者遠道而來，還包含來自國外的遊客，有些則是在京都觀光的途中路過來看看。京都店不只呈現出京都獨特的風景，也成了minä新方向、新思維的展示廳。

## 驚人的松本店、古民房金澤店

下一間直營店開在長野縣的松本。決定展店後，大家訝異的程度更甚於京都店，面試當地店員時，還有人反問我：「怎麼會選在松本開店？」

我與木雕家三谷龍二先生結識以後，經常拜訪松本，漸漸愛上了那裡。想開直營店，也是因為對松本這條老街有了感情。在三谷先生經營的藝廊兼店面「10 cm」的那條街上，有一間老藥鋪要退租，我一聽說便承租了下來。

我把陳列藥罐的架子、調配藥劑的台子等藥鋪格局盡量保留下來，朝街道的門面則貼滿色調略有不同的綠色方磚，這些磁磚都是與陶藝家安藤雅信先生討論，請他特地燒製的。我認為這種色調很適合松本這條老街，以新加入商店街的新店面而言也不會太搶眼，有種寧靜悠遠的氣氛。店面與老街非常協調，彷彿已經在那裡開了十幾二十年，但願當地人能夠因為minä perhonen開在自己家鄉而感到驕傲。

與東京和京都相比，松本的生意較為冷清，但在松本開一間minä perhonen的直營店，卻能將minä的品牌精神以一種非語言的形式表達出來，也就是不刻意挑大商圈開直營店，而是融入歷史、文化豐富的城鎮，成為其中的一員。包含minä的服飾在內，當地人都很熱愛手工藝品。三谷龍二先生雖不是松本人，卻選擇在松本定居，也是因為這片土地散發的氣息吧。

松本也是一條開放的老街。每年夏天，這裡都會舉辦「小澤征爾松本音樂祭」，世界各地都有人慕名前來這座國際化小鎮。松本長年來為培育藝術付出許多心血，這股持之以恆的精神也是看點之一。松本店所在的街上，最近也陸續開了新的店。看著老街逐漸新陳代謝，總覺得這條街是有生命的。minä彷彿也成了松本這棵老樹上的一根樹枝、一片葉子，行著光合作用，在風吹下搖曳。

在金澤，我也一樣花了約兩年時間尋找房子。把時間拉長到往後數十年來看，兩年絕不算長，何況我們也沒有制訂「展店計畫」等方針，就只是愛上了一個地方的文化、風俗民情，在當地看到不錯的房子而決定展店罷了，所以自然不必著急。

繼京都、松本之後，於金澤開直營店的計畫終於不再有人質疑。金澤在戰爭時並未受過空襲，美麗的老街得以保存下來，居民很積極發展工藝與飲食文化。兩年的時間過去，我終於在金澤邂逅盼望已久的完美房子。

有人告訴我，說石引這個地方有一棟木料行於大正時代興建的倉庫老宅，距離金澤二十一世紀美術館走路大約十五分鐘。該處地名之所以稱為「石引」，相傳是因為修築金澤城的石塊在運送時都會途經此地。從木料行老宅進入馬路，右轉後直走，會先經過兼六園，接著是金澤城公園，公園左側便是金澤二十一世紀美術館。

老宅不愧是由木料行所建，屋齡雖超過八十卻雄偉依舊，維持得非常漂亮。支撐房屋的梁柱處處都能感受到工匠的心血，地板、天花板、柱子、拉門、紙窗、門扉……沒有一處節點歪斜。歷史悠久的木材靜謐佇立，老窗玻璃美不勝收，倉庫多年來始終牢固，絲毫不畏風雪，可見基礎之渾厚。但整體印象並不會太過沉重，反而帶點輕盈感。

對於以「至少延續百年」為目標的minä perhonen而言，時間永遠是重要的主題。在金澤直營店，客人可以細細品味自大正時代流淌至今的歲月痕跡，能悠閒地坐下來，待上好長一段時間。

mina挑選的直營店地點——白金台、京都、松本、金澤，在人文風情和時光流逝上都帶有相同的特質，但並不代表這種選店方式能歸納成一套固定的商業模式，因為那更像是一種「感觸」。

包含對時間的概念，對結果的看法等等在內。

若生意不佳，是不是代表有哪裡不足？怎麼做才能重振士氣？我認為思考這些，才是商業的本質。對品牌而言，一切的一切，包含待客之道都是始自直營店，最後也會回歸直營店。對於想瞭解品牌、想試穿看看的客人，我們也都會請她們親自來店裡逛逛。與消費者的長年往來，便是從這裡開始。我們對工作的一些點子，也是因為有店面才得以產生。

客人的聲音之所以能化為鼓勵，為我們的工作帶來靈感，也都要歸功於直營店。

——找到金澤店，入內一看，原來這棟老厝那麼漂亮，還能愜意地坐在緣廊喝茶，地板鋪了平坦的皮革，踩在腳底有種獨特的觸感，下次也去京都店看看好了——像這樣的經驗，也會讓客人願意體驗更多minä perhonen吧。

自從在各地開直營店以後，官方網路商店的生意明顯熱絡了起來，大概是因為在直營店購物的親身體驗，以及將衣服帶回去後的穿搭經驗，讓客人覺得可以放心在網路上購買吧。為了所有消費者，包含網路商店的客群在內，讓直營店的購物體驗更豐富、美好是必要之舉。不論直營店或網路商店，minä perhonen對顧客都同樣用心。對於與客人面對面交流，我們必定竭盡全力。

儘管一一面對顧客，難免會遇到抱怨、客訴，但minä perhonen都會盡可能完善、明確地應對，並且從與顧客的對話整理出該反省、改進的地方，力圖提供更好的服務。即使網路購物的比重增加，我們仍希望看見客戶的反應，聽見客戶的聲音。因此我希望將直營店打造得像家一樣舒適，讓消費者知道minä perhonen會一直陪伴著他們。

## 擴張到日常生活

品牌成長後，有些人會再創立一個副線品牌，也就是透過姊妹牌把價格壓低一點，讓更多客人得以消費，藉此拓展市場、提升整體營收——這正是時裝界常用的公式。

可是一旦準備擴展市場，主力就會漸漸轉移到較便宜的副線品牌上。minä perhone不惜花費高成本精心縫製刺繡等細節，努力守護、培育品牌，若發展副線品牌，很容易削弱原本的品牌世界觀，令設計焦點模糊不清。

因此我開始思考，如果撇除這種公式，聚焦在「穿minä perhon讓生活有質感」的品牌主軸上，然後更著重日常細節，是不是也會有不錯的成果？生活不該是無聊、千篇一律、只有特殊日子才用心打扮，而是從平常就要過得有質感。至於該怎麼有質感，就讓minä perhone來幫忙。若能生產一些實用的日用品給消費者，不但能拓展市場，也能為品牌主軸——服飾錦上添花。

一九九九年，minä剛創立品牌不久，便以自家布料設計了第一個家具「giraffe chair」。同時還承接了陶器設計的委託，開發二〇〇八年要推出的商品。minä也致力於規劃更多品項，像是將碎布縫成胸針、抱枕、包包等創意小物，布匹也開放丈量尺寸購買，讓顧客可以做成窗簾、床罩、沙發套等家飾，滿足各種用途。

二〇一六年，除了我們自己的品牌以外，我也以北歐為主，在各國蒐羅各式古董、手工藝品，開了一間附咖啡廳的選品店「call」。這也是一種衍生出來的新嘗試。

minä perhonen長年在東京表參道的SPIRAL辦展，「call」就是由SPIRAL主動提議而啓動的。起因是創業以來開在五樓的露台餐廳要關閉了，SPIRAL便問我要不要將那裡頂下來，改造成minä perhonen的直營店。多年來我三不五時就會造訪SPIRAL，卻不曉得五樓有一座室外露台。設計SPIRAL的建築師槇文彥先生，對五樓的露台耗費了大量心血，客人可以在表參道區，而且還是摩登大樓裡享受陽光、吹著徐風用餐。如果把這個地方單純改成直營店，就浪費露台的大好空間了。左思右想下，我靈機一動，不如蓋一間附設咖啡廳、類似市集的選品店，而非單純的服飾直營店。

其實白金台店本來就有擺古董家具、玻璃器皿，還有一些乍看會懷疑到底是不是商品的小飾品。店裡有沙發能讓客人坐著休息，也有放書讓人唰啦唰啦地翻閱。我想布置出能讓人想與mina perhonen一起生活的空間，因此蒐集了不少我自己喜歡的東西擺在店裡。如果將這個概念升級，讓店裡所有的東西都能購買呢？蓋一間擺滿自己精挑細選的商品，像市集一樣的店，除了日用品以外，再賣些產地直送的有機蔬菜和自己喜歡、常用的食材，打造成可以享用輕食的咖啡廳也不錯。若是這樣的店，便能將槙文彥先生精心打造的露台發揮得淋漓盡致了。

常在世界各地旅行的我，旅途中一定會造訪當地的古董店、二手書店和農夫市集，然後把相中的東西買回去在日常生活中使用，這種喜悅跟做衣服很像。旅途中遇見的小村莊風景、偶然買下的東西，有時也會成為服裝或布料的設計靈感。旅行與在當地的邂逅，是我創作的泉源。

為什麼這些古老、悠久、長年來深根在人們生活裡的東西，會這麼吸引我呢？

因為裡頭蘊藏了歷史與人的故事，工匠們代代傳承的技藝，則更加突顯了這些事物的美好。經過歲月淘洗的東西，已不是單純的物品，它們有一種量產品所缺乏的創作靈魂與質感，若能擺在我們的店裡，讓大家觀看、賞玩、購買，該有多美妙啊！

於是，全新概念店「call」便誕生了。

朋友認識的創作家也參與了「call」建設的過程。負責裝潢的有「Landscape Products」中原慎一郎先生，還有三谷龍二先生、辻和美小姐、安藤雅信先生等人鼎力相助。食材方面，則請在岩手經營無農藥栽培的姊姊直接寄過來，我再從全國各地訂些好吃的，像農夫市集一樣擺出來賣。關於招募店員，「call」也有另一項新嘗試——我想讓「call」的店員不要有年齡限制。

上年紀的人畢竟經驗老到，有些人可能對古董、食材比我們還在行。以待客層面來考量，這些人生前輩或許還能為客人指點迷津。再來就是不需要全天待命，只要排好輪班，也能每週只做幾天或者只做上午。與年輕店員多多交流的話，對彼此來說也會是很好的刺激。

我認為工作本來就是一種創作。對顧客來說，有這樣的店員在，購物體驗的品質也會不一樣。這種感受和時光，不論對店員或顧客而言，都是獨一無二的體驗。

去除年齡限制，實際招募員工後，有好幾位超過七十歲的長者來到了「call」。他們從開幕日便來上班，表現比我想像中更出色，在各個方面都幫了許多忙。招募員工的新嘗試大獲成功。

## 邂逅海外員工

有了「call」的經驗當基礎，二〇一九年我又同時開了兩間店，分別是「eläva I」與「eläva II」。「eläva」在芬蘭語是「生活」的意思。

地點位於東京馬喰町（東神田），日本橋小傳馬町與日本橋橫山町相鄰處，老舊低層樓房比鄰的批發街一角。兩間店距離很短，走路只要一、兩分鐘，都位在老樓房裡。這區也有不少同樣以老厝或倉庫改建而成的美味咖啡廳和餐廳，以紐約來比喻的話，氣氛就像是以前的蘇活區，非常適合散步。

「eläväⅠ」網羅了手工藝器皿和道具，以及有機蔬菜、水果、味噌、香料等調味料及西點。二樓是藝廊，有時會展出讓生活更多彩多姿的藝術品，有時會舉辦插花課，讓學生布置當季花草。

「eläväⅡ」陳列了以北歐為主的中古家具。一般來說，北歐中古家具行賣的都是店裡修復過的東西，但我選擇與顧客討論，讓顧客親自挑選修復的手法以及要使用哪些布料。minä perhonen是織品品牌，當然要把我們設計的布納入修復的選項裡。我還準備了中古餐具、擺飾、藝術品。另外也為minä perhonen過去到現在的布料建檔，讓客人能親身感受minä perhonen經歷的時光。這兩間店，都是善用「call」經驗所做的新挑戰。

在這裡，我想特別提一下一場有趣的邂逅。

去芬蘭旅行，在古董商店購物時，我巧遇了一位叫做大衛的男士，後來他成了「eläväⅡ」的關鍵人物。一般來說，我在古董商店買下的東西都會請同行的員工包裝，辦理送回日本的手續。但當時只有我一個人，停留的時間也很短，實在無暇親自處理。正巧在購物時，我發現一名男士很像老闆的朋友，我向這位陌生人稍微打了聲招呼，結果他——大衛竟然願意幫忙寄貨。令我最驚訝的是，他包裝得非常仔細、漂亮，還陪我把東西搬到郵局，連手續都乾脆俐落地處理好，教我佩服得五體投地。我問他：「明天和後天如果有空，可以再幫我嗎？」他也二話不說就答應了。

大衛很快就明白了我對古董的熱情與偏好，而且眼光獨到。隔天他協助我採買的架勢，簡直就像從天而降的天使拍檔。我捨不得與大衛在今天就道別，於是向他說明我在日本準備開新店「eläva」，拜託他協助我採購。我說：「雖然我倆素昧平生，但總覺得非常投緣。我有個提議，接下來半年我想藉助你的眼光，希望你也能相信我，協助我採購，我會支付半年份的薪水。」大衛的本行是私人健身教練，但他接受了我的提議，然後辭掉私人健身教練的工作，專心採購。雖然只相處三天，但他似乎也感觸良多，我們的約定純粹基於信任，沒有簽署任何合約。回國後，我立刻與大衛展開聯絡。

他的能力非常出色，每當我從日本提出要求，問他「有沒有類似的東西？」他總能迅速幫我蒐羅到好貨。我與他聯絡，說想在日本展出我於芬蘭設計美術館發現的那位藝術家的作品，問他是否有可能，結果大衛隔天便聯絡上了那位藝術家，登門拜訪後獲得了首肯。他帶給我的消息總是這麼明確。

世上竟有如此奇妙的緣分，實在令人驚訝。以這種方式雇員工或許有些大膽，但當偶然的機遇來臨，若不憑直覺判斷，只會眼睜睜地讓難得的機會溜走。仔細想想，我自己會去JUNKO KOSHINO的巴黎時裝週幫忙，會在毛皮訂製店工作，也都是因為偶然邀請而開始的。自那以來經過這麼多年，或許這次正好換我主動邀請人了。

大衛之所以適合這份工作，跟他不是古董專家也有很大的關係。對大衛而言，每次採買都是新奇的體驗，他願意踏入這行，不是因為具備古董知識，而是出於我與大衛之間的信任。多虧有Skype和Line等通訊軟體，開會時我可以看見他的表情，聽到他的聲音來協助我判斷，網路著實幫了我好大的忙。

最令我驚訝的是，大衛曾自己在芬蘭鄉下找到一批家具，聯絡我說：「有兩百張阿爾瓦・阿爾托設計的小學椅要釋出，需要採購嗎？」他很喜歡東奔西跑，有時問完：「我可以租車去一趟瑞典的家具展嗎？」便自己開車，出門挖寶去了。

我在芬蘭租了一間古董專用的倉庫，並且交由他管理。對一個原本是私人健身教練的人而言，這份新工作看似隔行如隔山，但我相信，他在當健身教練時與學生的一對一溝通，像是對方的身體哪裡欠缺鍛鍊，透過什麼運動、伸展，可以讓身體改變、進步，這些一定也能運用在他的新工作上。

在自己擅長的領域、工作所學會的東西，即使放到完全不同的行業上，絕對也有能發揮的地方，大可不必侷限自己在工作上累積的能力該如何運用。面對眼前的工作，只要認真、仔細地做，經驗與實力一定會提升，只要腳踏實地，便能為下一份工作大大加分——這是我看著大衛所領悟的道理。在我創業以前，每一份工作我也都是全力以赴。殺鮪魚就心無旁騖地殺，縫毛皮大衣也是一針一線絕不偷懶。正因為手拙，所以更用心，相信自己總有一天勤能補拙。大衛比我精明能幹得多，但他那股認真工作的傻勁，卻令我覺得似曾相識。不曉得大衛是以什麼樣的心情在面對這份工作呢？

# 第八章 讓工作創造美好回憶

## 工作的喜悅

隨著九〇年代前半泡沫經濟破裂，與工作有關的負面詞彙愈來愈常見。工時長、低薪、無法休假等環境俗稱「血汗」，讓勞工在這些環境下工作的企業，則稱為「血汗工廠」。我二十歲左右出社會時，還沒有這種講法。

以前比較常聽到的是「3K」，指苦力活既「辛苦」（きつい）、「骯髒」（きたない）又「危險」（きけん）。若依這個定義來看，我或許也待過「辛苦」又「危險」的職場，儘管我一點也不這麼認為。

如果純粹以勞動條件來判斷是否「血汗」，那我也算經常常泡在血汗工廠裡，不但工時長，也幾乎不能放假。但我不認為對每個人而言，同一份職務、同樣的工作環境帶來的價值和影響都一樣，因為這會隨著勞工內心的想法而大幅改變。講白一點，若一個人覺得他不是「在工作」而是「被使喚」，那不論是誰，不管什麼樣的職務和工作環境，他都會覺得辛苦，這個道理是千真萬確的。

不只薪水，一旦對職場環境、同事相處、工作內容產生疑慮，心想「為什麼我要承受這些委屈」，信心就會搖搖欲墜。以黑白棋來說，就像是我方的白棋被黑棋團團包圍。在我的觀念裡，工作就是創作。不論是修改衣服尺寸、裁切布料、假縫、殺鮪魚、開車載著自己做的衣服去談生意，甚至是一件也沒賣出去，業績掛蛋也一樣。

這中間可能會經歷失敗、挫折、打擊，但就我而言，創意的種子卻很可能埋藏在其中，隨時都會冒出珍貴的新芽。人是一種奇妙的動物。如果說野生動物是活在「掠食、成長、繁衍後代」的循環裡，那麼人類就是樂於踏出循環，熱衷於圈圈以外的事物，並試圖展現、發掘新的技術與方法。

人類使用道具狩獵、栽培穀物、以火烹飪。原本是四肢爬行，卻演化成雙腳站立，透過雙手創造各種新事物。之所以縫製衣服穿在身上，也是因為有了新發現、有人動手去做。滿足生存慾望之後，人的頭腦開始靈活運轉，想像力奔騰起來。技術與手法陸續創新，農業也慢慢組織化，懂得用辛香料為菜餚調味，也學會編織衣服。

聚落形成村莊，村莊又聯合起來形成小國，接著出現萬人之上的國君，大概就是從這時候起，人們開始有了「被使喚」的感受吧。即便經過工業革命、共產主義革命、資訊革命，即便AI開始大量取代人工，「被使喚」的情緒始終在人們心中揮之不去。

一旦人們覺得「被使喚」，想像力就會戛然而止。所有工作都有發揮自我想像力的空間。就連拿吸塵器打掃房間、把玻璃窗擦乾淨、吃飯後洗碗、清掃自家廁所，都能展現創意。想像力能為千篇一律的工作帶來變化，令人有新的發現。就像一名經驗老到的擦鞋匠，會思考該在什麼階段使用什麼樣的刷子、怎麼有效去污、該塗抹多少鞋油、要用哪種布料、擦的方向、力道強弱等等，會像這樣從知識、經驗的寶庫整理順序，隨身體的記憶來安排擦鞋工作。與慕名而來的老主顧聊天、互動，也會為他的工作帶來許多樂趣。可是一旦出現「被使喚」、「被擺佈」的心態，想像力的出入口就會鏘地一聲被堵住，令人覺得工作毫無意義而自暴自棄，令人自我懷疑，不知道在做什麼。

做喜歡的工作本來就容易廢寢忘食，之所以忙到忘記時間，無非是因為這份工作很有趣。儘管完成時一樣會累，卻很有成就感，雖然辛苦，這段時間卻過得很充實——難道對有這種感覺的人，也要指責「你的工作很血汗」嗎？

當然，我不是指大家應該領著廉價薪水，工時愈長愈好，也不是指應該不眠不休地工作。與大自然為伍，從事濃林漁牧業等第一級產業的勞工，都是在不確定老天爺是否賞臉的風險下，在各自的領域、在天亮之前揮灑汗水，甚至遠渡重洋捕撈數個月。即使收成的日子碰到假日，農夫們也會毫不猶豫前往農田。從工作環境的觀點來看，許多第一級產業因為工時不固定，幾乎都很血汗。

我的姊姊就從事農業，做這行當然很辛苦，但我可以感受到她非常樂在其中。從事第一級產業的人，對大自然固然逆來順受，工作態度卻非常主動積極，拚出成果時的笑容，洋溢著發自內心的喜悅。戰後日本經濟高度成長，大部分的學生都投入零售業、服務業第三級產業，或許自那時起，覺得「被使喚」的人就漸漸增加了吧。大概是因為第三級產業在性質上，很少有機會能將自己親手做的東西當面交給顧客。所謂的「工作」幾乎與「上班」劃上等號，「工作後」的成果化為手上的薪資單或頭銜，或許是這樣的工作環境，才導致人們難以體會工作的意義與價值吧。

## 專才與通才

一般而言，大企業內部的員工都會經常輪調到其他部門，例如從業務轉到企畫，再調去總務。若是將來要升上高層的準幹部，或許的確有必要待過公司的各個組織，瞭解各單位如何運作以及實際從事哪些工作。就大企業而言，工會委員長往往被賦予重任，因此擔任這個職位的人必須及早瞭解公司的經營狀況，學習勞務管理。相較於對公司極為重要、擁有特定領域專業知識、經驗、技術的專才，他們屬於通才，必須具備繁複的知識、經驗、技術。大企業頻頻人事異動，無非是基於這樣的理論。

這種作法確實有幾分道理，但仔細一想，這應該是以「工作等於上班」，必須一路做到退休為前提所產生的思維和系統，是大學生畢業後找工作，便在同一間公司待到退休的舊時代模式。

就mina而言，我不認為擔任高層需要待過各式各樣的部門。如果有人非常想異動，渴望到其他部門工作倒是另當別論。例如，若有員工很想從銷售轉做企畫，我會請他向公司展現自己的企圖心，例如每週參加一次企畫工作，試著發表簡報。如果他的簡報無法令人眼前一亮，那麼即便調去企畫也是自找苦吃。我希望專才能夠持續發揮力量，不僅要能深入挖掘一項事物，還必須持久。這樣的專才就像長跑者。

那麼，長跑者的終點在哪呢？minä perhonen創業至今僅二十五年，還沒有員工在這裡做到退休，就連前面提過的表參道「call」的員工，我也沒有設年齡限制。工作能力與年齡未必呈正相關。只要能交出工作成果，不分年紀都應該獲得褒獎。員工超過六十歲後，不論是延後退休年齡、更改雇用型態，或者一律減薪，這些在我看來都很荒謬。只要有貢獻，就該獲得相應的薪水，根本不需要搞得那麼複雜。

若我有朝一日卸下社長的職位，純粹在minä當一名設計師，若我活過八十歲仍在設計，也都按照規定敘薪就好。若設計時有一半的時間都在打瞌睡，又或者我的設計只剩下一半的價值，那就給我一半的薪水即可。若整天都在打盹，也可以開除我。在我看來事情就是這麼簡單。

單純年紀到了就得強迫退休，這對於每年招募大量新血的大企業來說，不過是汰舊換新系統中的一環罷了，完全沒有考量工作的本質，實在非常可惜。對身為長跑者的我而言，漫漫長路根本沒有盡頭。我會想像自己能跑多遠，但不會去設下終點。

## 理解與共鳴

能跑多遠，取決於工作是否快樂。當工作的樂趣足以蓋過工作待遇時，黑白棋的黑子就會喀啦喀啦地變成白棋。當然，如果工作是強制的，甚至得喪失尊嚴做牛做馬，那黑棋永遠是黑棋，工作也不可能快樂，這點應該不必我多費口舌。然而，即使待遇再好，若工作起來不快樂，白棋也不過是白棋罷了。翻棋子是樂趣無窮的，如果白棋永遠不變，始終是白棋，豈不是很空虛嗎？白棋翻成黑棋，黑棋再翻成白棋，親自去動手、動腦，去翻轉事物，讓局面愈來愈好，這個過程與變化是非常有趣的。然後種下的種子總有一天會發芽。工作不外乎就是這麼回事。

然而，對於「工作快不快樂」的議題，我發現很多人根本沒搞懂它的本質，只以為「工作的快樂取決於待遇條件」。隨著經濟狀況惡化，第三級產業勞工的困境也逐漸浮上檯面，而且愈來愈嚴重。遺憾的是，我手邊也沒有處方籤，我能拍胸脯告訴大家的，只有我透過自己的人生經驗所領悟的工作意義，以及工作的喜悅。年輕人或許會覺得自己生不逢時，這點我並不否認，但不論生在什麼時代，只要不是強制勞動，大家都能自由選擇職業，也能自由辭職。除非是遇到戰爭等不可抗力因素，否則自己的人生，再小的事情都可以自己決定，這點千萬別忘了。

另外一點是重新審視工作。為了讓目前的工作別那麼血汗，你可以對自己的工作發揮想像力，動動腦累積各種小小的「喜悅」。如果連這麼一點發揮的空間都沒有，或許就要重新思索一下是否該留著繼續工作了。即便只有一點點空間，只要能擠出一絲「喜悅」，那麼工作就一定會有成就感。至少我是這麼認為的。待遇條件並不能決定你在工作時是否快樂、幸福。因為工作的喜悅並非來自外界，而是由內心誕生的。去思考該如何規劃今天一整天的工作，然後等一天結束後，回顧自己的一天，即使是芝麻綠豆的小事，只要有做到、覺得自己很了不起，這就是工作的幸福了。

minä perhonen的工作是做衣服與賣衣服。像這樣做東西來賣的喜悅是什麼呢？賣衣服的喜悅，來自有人欣賞我們自己做的衣服。讓製作衣服的廠商，以及在各個層面協助我們的人，知道衣服賣得很好，知道minä perhonen沒有辜負大家的心血，也會有種成就感。除此之外還會覺得鬆一口氣，因為這些取自大自然的材料並沒有白白浪費。

服飾店是一種可以白手起家的行業，像我自己最早的工作室也只是個三坪大的房間，設備只有一台縫紉機、一塊布、一張大桌子。它可以是一種最小單位的製造業，不需要什麼龐大的企業組織。開麵包店一定需要烤箱，至於做衣服，講得極端一點甚至連縫紉機都不必，只要有針、線、剪刀，就可以裁縫了，是一種最簡單的手工業。

我的生活幾乎每天都一樣，直到現在也是。早上醒來，想著今天有好多事要做，得到公司一一處理，而每一項我都做得很起勁。工作結束後就回家，煮一頓好料犒賞自己。我每天都覺得這樣很幸福。認識與自己工作相關產業的人，和他們聊天也是一大樂事。每當得知創作這份工作有這麼多變化，這麼多細節，內心就會默默激動起來。光是窺探他們至今以來所走的路，就會知道人生有各種際遇和起伏。至今為止，我還從未遇過沒經歷過沮喪、失敗、挫折、打擊的人。

創作的艱難與創作的喜悅是一體兩面的。

每當遇到建築師、廚師等等與我們擁有相同理念，合作愉快的人，我就會自我警惕，思索minä的工作成果是否配得上他們，或許這份刺激也是我所追求的喜悅之一吧。在自己熱愛的工作上堅持下去，一定會再有意想不到的邂逅。為了讓minä perhonen「至少延續百年」，品牌的門窗絕不能設在高處，也不能封死，最好都別上鎖，大大敞開，這麼一來，新的風就能隨時吹拂進來。

## 美好的回憶

跟以往相比，minä perhonen的羽翼更加豐滿，翅膀張得更大了。

除了賣衣服，我們也在直營店販售織品、布料。例如在代官山與京都，我們就開了一間叫做「materiaali」的店，這在芬蘭語是「材料」的意思。之所以創立「materiaali」，有好幾個因素。

其中之一，是我認為顧客若能買下minä perhonen的布料，自己縫製衣服，會比到店裡購買更樂在其中。現在的時代，包含衣服在內，幾乎沒有什麼不被當作消耗品，正因為如此，我希望顧客都能體驗為某人親手做東西的樂趣。像是為孩子縫製衣服，請父母為自己做衣服，縫包包送給朋友……不是光用買的，而是花時間用心製作，親手送給對方、親手接收對方的心意，讓顧客享有這樣的體驗，就是我開「materiaali」的初衷。遠離電視、電腦、手機，聽著音樂或收音機，或者在安靜的房間裡動動手，與自己獨處，來一場不必訴諸言語的對話，這樣的時光不是很恬靜安詳嗎？為此我希望提供一些用心製作的材料，讓顧客能獨享這種豐盈美好的時光。

除了做東西互相餽贈，也可以用親自挑選的織品讓生活多彩多姿。像是自己選擇椅子、沙發的布料，或者挑一塊布做成窗簾，做成獨一無二的床罩也不錯。顧客也能挑好布並告訴我們尺寸，由我們裁成窗簾。不論是顧客自己動手，或者由我們代勞都無妨。

我的初衷是希望顧客把minä的布當作更私人的材料，而非成品。現在已有許多顧客接納這個想法，時常有人詢問minä perhonen的布料還能做成哪些東西。這個過程中，常能再度挖掘出只賣衣服時看不見的材料價值，對我們未來的工作提供了不少靈感。

經營minä這間公司，到底該把什麼傳承給下個世代呢？這十年來，我一直在思考這件事。應該要這麼設計，應該要提供這樣的品質……這些對創作的堅持，到底是從何而來的呢？絞盡腦汁思考後，答案逐漸浮現。我想傳承的，並不是徒具形式的東西。

說到底，我們透過時裝、家飾來不停創作，為的到底是什麼？minä的經營模式遠比以往更加多元、豐富。為什麼要像這樣多角化經營呢？背後的理由、動機到底是什麼？現在我們已經可以慢慢梳理、思考了。

究竟我們想提供什麼，想回饋給顧客什麼？我想，答案不外乎是「美好的回憶」吧。設計等形式終歸不是目的，而是一種在人們心中留下「美好回憶」的契機，這才是minä想做的。因此我們常會捫心自問，現在minä正在製作的東西，對於買下它、使用它的人而言，「會不會成為美好的回憶？」而這也是minä的心願。其實我們並沒有意識到這件事，而是深入探索自己的心意後，才找到這個答案。

在外公外婆經營的進口家具行，年幼的我曾坐在皮革沙發上，聽著穿和服的外婆對我說：「這是牛皮沙發。」她讓我摸了摸材質，告訴我：「這叫犢牛皮，是用小牛的皮革鞣製而成的，摸起來很軟對吧。」現在我依然記得那沙發的觸感、氣味與坐起來的感覺，以及祖母溫暖的聲音。那應該是我這輩子都忘不了的回憶。

穿mina服飾時創造的記憶，會隨著衣服一同保留下來。摸刺繡時凹凹凸凸、硬邦邦的觸感；把重要物品裝進mina包包裡，拎著散步時看到的街景；當下的心情；在「call」咖啡館用餐時，湯的溫度、觸感，在口中化開的滋味，以及看向窗外時，天空的顏色。我希望mina這間公司提供的商品與服務，能創造出默默支持人們的「美好回憶」。若以言語來解釋該把什麼傳承給下個世代，我想應該可以這麼定義。

mina的創意與設計都誕生自生活。看一看、摸一摸、試一試，有時下一個點子、設計，就會從生活經驗的「美好回憶」裡突然迸出來。縫好的地方鬆脫了，就動動手，融入新創意、新設計去反覆修補，過程中又會有新的模樣誕生。試試看穿起來是否舒適、用起來順不順手，看看這是否已經是最好的作法了，還有沒有其他方式……只要持續研究，將來就會出現更好的形式、更棒的細節。

如今的時尚主流已經變成隨每季變換款式。這季要穿這款，等時間過去、到了下一季，原本的衣服看起來就過時了，舊款式一一下台鞠躬。但我希望minä的服飾能在時光淘洗下永不褪色。我們非常歡迎顧客拿多年前的款式來修補，能讓消費者長年穿戴，是我們的榮幸。當然，我不認為這是唯一的正確答案，但也可以說，這就是minä唯一做得到的事情。

有些品牌總是走在時代尖端，致力於在當季的瞬間，讓身穿它的人擁有美妙時光。那份記憶，想必也會在人生的漫長旅途中歷久彌新。「美好回憶」未必只取決於擁有或穿戴某件事物的時間長短，深刻的印象、豐盈的時光，也會帶來「美好回憶」。

然而不論在思考或創作上，我都是慢工出細活的類型。我原本爆發力就偏低，不擅長短跑。就像長跑者的體質、肌肉性質都與短跑者不同，品牌也有各式各樣的類型。

現在要我立刻創新，我也做不到。還是慢慢思考，反覆摸索，一點一滴去探索、瞭解，更能讓我安心創作。

要做一件事時，往往得預設著陸地點與結論。但過程與結果是一體兩面的，不可能只追求成果而忽略過程。至少在我看來，結果也不過是漫長過程中的一部分罷了，路途還是得繼續。minä一路走來始終如此，往後也會繼續這麼走下去。

## 設計的傳承

雖然我一直在提倡「至少延續百年」，但若皆川不在了，真的還能「延續」下去嗎？我相信一定有人抱持這樣的疑問。以平面設計來說，也就是從布料的花紋、設計來看，minä其實一直在準備傳承給新世代，不，正確來說早已開始了。minä perhonen每季都會產出十幾種新花紋，但數目似乎有點太多了。光是在這四分之一世紀內累積的花紋種類，分母就已經數不清了。

前面提過的marimekko，直到今日仍在大量使用五十年前發表的經典罌粟花圖案，這種圖案不但深受民眾喜愛，還成了marimekko的商標。換做是mina，最具代表性的圖案就是tambourine（鈴鼓）了，這是在白金台開第一家直營店時設計的，已經有二十年的歷史。經典圖案除了是品牌的支柱，也會化為象徵而永垂不朽，且往往潛藏著未知的可能性。

這是什麼意思呢？舉個例子，日本有一種模仿海浪的古典花紋「青海波」。這種圖案誕生自波斯，經由絲路傳承至日本，但現在已經成為簡約和風設計的象徵了。大家都知道「青海波」有各式各樣的版本，用途也很廣泛，我個人就覺得電腦、智慧型手機上的Wi-Fi圖案有幾分「青海波」的影子。像「青海波」這類已深入人類視覺與身體記憶裡的設計，在任何情況下都會持續蛻變、不斷被人們使用。

皇家哥本哈根名瓷有一種叫做「唐草」的花紋，由花、葉、藤蔓組成，以藍色的線條勾勒，直到今日仍由工匠一一親手繪製。只要一看到「唐草」，人人都認得那就是「皇家哥本哈根手繪名瓷」。其實唐草起源於中國，但皇家哥本哈根名瓷採用了它，將之設計得簡約典雅，不知不覺間這就成為他們的標誌了。他們也不是單純地複製、量產唐草，而是與時俱進，試圖讓花紋更美麗。

例如現在非常受歡迎的「大唐草」系列，就是將圖案一口氣放大，透過左右非對襯的構圖，將復古的原創圖案變成摩登設計，結果大獲成功。這個「大」的概念，來自一名就讀設計學校的年輕女學生的創意，她從小就用爸媽傳給她的「唐草」餐具用餐，某天她將烙印在她視覺中的這些圖案重新設計，帶去給皇家哥本哈根名瓷看。這間老字號商店的設計部門採用了她的點子，打造出「大唐草」系列商品，這代表古老的「唐草」在設計內涵上，擁有推陳出新的力量。

前面也提過，不只我，田中景子等公司內部的設計師，每季都會發表新圖案。包括創意小物、鞋子等設計，也都交給了可靠、有才華的年輕設計師去發展。我自己身為設計師，也還有很多事想做。現在的我雖然是公司老闆，但也成立了控股公司，隨時可以交棒給繼承人。換言之，即使退下經營的第一線，有朝一日我還是能以一名內部設計師的身分專心從事設計工作。人生有無限的可能。若到了人人八十歲仍不退休的時代，那代表我身為設計師的下半輩子還長得很。培育新的設計，打磨經典設計。這兩者對「至少延續百年的品牌」而言都是不可或缺的工作。

此外，還有另一項minä perhonen必須傳承的精髓。

那就是絲綢、布料、織品的質感。

提起minä perhonen，大家都會先注意到圖案，畢竟那是minä的品牌精髓。但重要的不只是設計，前面提過的材質、絲綢、布料的觸感，也是minä的命脈。在東京都現代美術館舉行「minä perhonen / minagawa akira TSUZUKU」特展的期間，我們曾辦過一場時裝秀。將當時模特兒穿的服飾依特徵區分的話，大致可以分成三個取向，比例大致是：

強調圖案設計的佔五成、強調布料質感的三成、強調色彩呈現的佔兩成。換句話說，有半數服裝都著重在圖案與設計，而「強調色彩呈現」的服飾則沒有花紋。但不論是顧客或媒體，提起minä perhonen，可能都只會想到我們的服飾是以自然主題的花紋為主。在大家的印象中，圖案設計可能佔了八成，實際上卻只有一半。

但我的想法是，不論有沒有花紋，該注重的都應該是材質、絲綢、布料的品質。

那要用什麼來保證品質呢？答案是「累積」。

材質擁有的特性、決定材質好壞的關鍵、染料與絲綢的契合度、穿著時有哪些因素會影響舒適度……儘管在教科書上，未必不能學到這些，但還是在職場、也就是在工廠，透過與師傅們一來一往來學習，更能打好基礎。而這就是在職場的「累積」。

minä perhonen在使用棉、羊毛等各種材料時，都是與各材料品質優良的工廠合作。在編織、印刷方面，也與技藝最高超的師傅討教。這種討教是不能公式化的，換言之，我們必須親自到現場與師傅溝通，這些「累積」也可以說是我們品牌的智慧財產吧。

在minä perhonen，每一種布料、每一座工廠，都有員工負責管理品質。當然，他們的工作不只是「管理」，還得透過與師傅的討論、溝通，從實際製作的經驗中構思「新設計」、「新服飾」，然後擬定企畫。

例如要拜託蕾絲工廠將新花紋織出來時，對方可能會告知要按照設計圖做出來會有困難，此時我們並不會立刻放棄，而是提議「如果把花紋的結構改成這樣，有辦法用機器織出來嗎？」請師傅重新評估看看，這就是我們一直以來的作法。當然，現在也一樣。負責管理和企畫的員工也一定會到現場，看我如何跟師傅溝通、說話。

我與師傅討教的過程，會在負責人心中不斷累積。當然，與師傅的討教絕非千篇一律，每位師傅的脾氣都不太一樣，因此講話也需要技巧，合作愉快的情況也各不相同。人與人之間有多少組合，就有多少溝通模式。我相信比起由我來溝通，一定也有師傅更喜歡年輕負責人，願意對他們釋出善意說：「好，那就再試一次。這次一定要成功，讓大家大吃一驚。」

這種與師傅討教交流的傳承，正以往常無法比擬的速度在進行。而在這四分之一世紀的時光中，有些師傅也將棒子交給了新世代。將來一定也會有愈來愈多的minä負責人與師傅，在彼此的背景、心態、世代上更加接近。我們這種相當於智慧財產的積蓄，如今已經相當深厚，不可同日而語。布料的可能性也仍在擴張，沒有極限。能做的事還多著呢。將來，或許也會有素色材質製成的衣服，成為minä perhonen的象徵。不論是我自己，或者是年輕員工，都渴望進一步探索那些未知的設計。不管我在不在，minä這個品牌都已不會受到影響。minä perhonen已經進入這樣的階段了。

## 服裝與人體

對長年製作服飾的我而言，有一名國外設計師特別與眾不同，他是克里斯特巴爾・巴倫夏卡（Cristobal Balenciaga）。

他於一八九五年出生於西班牙的巴斯克地區，母親是裁縫師，因此他從小便耳濡目染學習裁縫。他在馬德里進修、創業，高超的手藝獲得許多貴族讚賞，連西班牙皇室都向他訂製衣服。西班牙內戰爆發後，他為了躲避戰火，於一九三七年移居至巴黎，接著舉辦了高級訂製服展售會。

在巴黎舉辦展售會以前，Balenciaga已經當了長達三十年的職業裁縫師。從丈量尺寸、設計、剪裁到縫製，所有工作一手包辦，磨練出高超的技藝。他對細節非常講究，針法沒有任何一處可以挑剔。透過這樣的技術，他將造型、布料、色彩統合成藝術領域，創作出獨一無二的服飾。日後，他成了人們口中的「時裝界建築師」，因為他不停在思考、持續打造能將人體之美襯托無遺的服裝，試圖讓人體及人體的動作能呈現得更優美。Balenciaga這個品牌至今仍在推陳出新，但他於一九六八年便為設計師生涯劃下了休止符，而那已經是半世紀以前的事情了。退休四年後，他便逝世了。

二十幾歲時我獲得了一本厚厚的書，書中的Balenciaga服飾令我百看不厭。後來在巴黎，我有幸親眼見到了他設計的服飾。他設計的衣服從任何角度觀察都很完美，不論從背後、側面，甚至是動作時、坐著時，每一面都是相連的，立體結構非常勻稱。

minä服飾給人的印象不外乎圖案很特別，儘管這在往後仍是我們著重的元素，但對於服裝整體給人的印象，包括從正面、背面、側面、偏上、偏下、活動時、坐著時等各個情況下，我們也會反覆檢視其呈現的樣貌。除了重視平面的圖案設計是否美觀，我們也很注重服裝立起來時整體的感覺。這樣的檢驗使我們必須花更多時間在服裝製作上。

近年來我們創作的新品項——長褲，也為minä服飾帶來了新的視角。十幾年前minä幾乎不做長褲，加入長褲以後，考量到上衣已有圖案，若褲子再有花紋，搭配起來可能會讓minä的設計顯得太花俏，於是以往從未做過的素色長褲便誕生了。

素色長褲沒有任何圖案，因此布料本身的品質、質感、色澤便更加重要。開發新素色布料所花費的心血，跟研發花紋布料是一樣的。素色衣服更容易突顯線條。在嘗試多種設計並持續摸索後，我們終於做出了具有minä風格的版型。剛開始製作的長褲，和現在的長褲在版型上其實略有差異。我們花了許多時間逐步改良，才變成現在的版型。這讓以往不強調線條，而是著重圖案設計的minä服飾產生了變化。

長褲漸受歡迎後，裙子的長度也跟著產生了變化。長褲的長度基本上是到腳踝，但自從看慣長褲與上衣的比例後，總覺得以往剛好做到膝下的裙子太短了，因此開始設計長褲後，裙子的長度也稍微拉長了。研發素色長褲，令我們更加用心探究版型。

我們還做了攤開來會變成梯型的連身裙，手臂通過的袖孔以及放雙手的口袋孔，在梯型外側連成一線。從前我就對Balenciaga的建築式服飾結構深感興趣，因此也很注重自己設計的服裝結構，並且一點一滴在加強。我心中對服飾的概念也一直在進步，而且愈來愈覺得創作服飾是永無止境，沒有終點的。

曾幾何時，人類已經離不開服飾，少了衣服便無法外出活動。換言之，服飾是第一個容納人類的最小空間。人們一邊待在裡頭，一邊接觸外界，這個最小的空間單位便是服飾。人們窩在服飾空間裡，安心地與外界接觸。正因為有服飾空間的庇護，才能自在地伸展手腳。服飾有所謂的「穿著舒適度」，若能以空間的「居住舒適度」角度去思考，一定能激發出新的想法、迸出新的創意。因此，現在除了服飾的「穿著舒適度」，我也會去思考什麼是服飾的「居住舒適度」，這麼一來，便能掌握一些在畫設計圖時容易忽略的部分。

探究服飾的形式、版型，或許會成為minä未來的一種可能性，然後逐漸茁壯，開枝散葉吧。

## minä perhonen的將來

minä往後還會拓展各式各樣的領域，如同粗壯的樹根和樹幹長出許許多多的枝葉，一片欣欣向榮。不過，再怎麼枝繁葉茂，minä的根與基因也不會改變，因為那正是minä

的意義與價值所在。我雖然用了基因這個字眼，但minä絕不會變成家族企業，我會將棒子交接給擁有minä的創意基因，個性與我不一樣的年輕人手上。或許這會為minä催生出前所未有的新事業。如果說在生活中「創造美好回憶」是minä的基因，那或許我們還可以衍生出飯店、旅館等新型態。

其實在京都，就有一間名叫「京之溫所」的民宿，是在建築師中村好文先生的協助下，從古老的町家改建並以minä的布料裝潢而成。這原本是華歌爾為了保存歷史悠久的京町家而啓動的計畫，目的是讓京町家融入居民的生活並長期保存下來。京町家不該就此荒廢，應該要讓屋裡的時光再次流動起來。基於贊同這樣的理念，我便參與了計畫。

原本我以為，讓minä在旅行、住宿成為「美好回憶」，便已經達成任務了。

想不到當minä在服飾以外的領域，漸漸與各行各業的人合作後，竟有人對我說：「minä也開始多角化經營了。」

我回答：「其實我沒有想那麼多，我只是像做衣服一樣去達成任務而已。」不論是從主幹分枝、拓展新領域增加營收，最後形成商社型態，或者是為分散風險而嘗試擴張領域，那都不是我的目的。如果minä要蓋飯店，我一定會在裝潢上費一番功夫。跟服飾一樣，我相信所有用布料製成的抱枕、椅子或是以「創造美好記憶」為主軸所打造的原創家具，都會在「住宿」這種特別的、非日常的日子裡，交織出時尚與裝潢的新體驗。

關於餐飲部門，我們也與時尚一樣非常著重材料，不僅採用無農藥的蔬果，也以「零浪費」當作經營準則。SPIRAL的「call」不僅有咖啡館還有食品雜貨鋪，每當食品雜貨鋪有賣不完的品項，就會立刻用於咖啡館。這跟我們在時尚領域堅持不丟棄碎布，而是做成創意小物來販售是同樣的道理。不論材料或人力，我都不想浪費。

東京都現代美術館的「minä perhonen / minagawa akira TSUZUKU」特展，除了回顧minä perhonen這四分之一世紀的歷史以外，也展現了minä perhonen邁向未來的姿態。這場特展邀請了中村好文先生，以類似minä perhonen民宿藍本、樣品屋的概念，設計出了真實民宿規格的展場。

設計的核心是「費氏數列」。「費氏數列」由中世紀義大利數學家費伯納西所發現。這種數列的前兩個數字相加會等於下一個數，形成0、1、1、2、3、5、8

……的數列。海螺上的螺旋就是按照「費氏數列」的比例形成的，我們便透過海螺，構思了一棟「幻想旅社」，把這打造成會場。

我希望整座會場就像海螺一樣，內牆與外牆材質相同，牆壁向內捲起，捲著捲著外牆就變成了內牆，內牆則變成了外牆。柱子、地板、牆壁都是用相同材質建成，而非以不同材料組成。這裡沒有一般人印象中四四方方的牆，景象會隨著腳步而不停捲動，參觀者當下看到的空間，就只會是他們所處的空間。不過這種藍圖光靠想像很難解釋清楚，所以我請中村先生製作了模型，再基於模型討論出最恰當的設計。接著，我們請來了在「TOTO GALLERY・間」舉辦的中村好文特展中，於室外展區蓋出漂亮小木屋的木匠師傅們，按照藍圖於美術館會場內建造了一比一大小的展區。

現實的飯店當然不能只講求有趣的建築結構。為了讓住宿成為「美好回憶」，最重要的還是待客周到。不論空間再漂亮，待客不周就一切都付諸流水了。若有朝一日出現懂得經營旅館，又能與我們擁有同樣待客之心的夥伴，那麼mina perhonen也許真的會與他們攜手合作。若沒有遇到合適的夥伴，或許我們也會自己著手。不過有一點很明確，那就是得等待時機成熟。若時機不成熟，美夢也不會成真。即使已經想好計畫，只要還不到能「放手一搏」的時刻，我們就不會貿然開始。這種態度，從以前到現在都沒變。

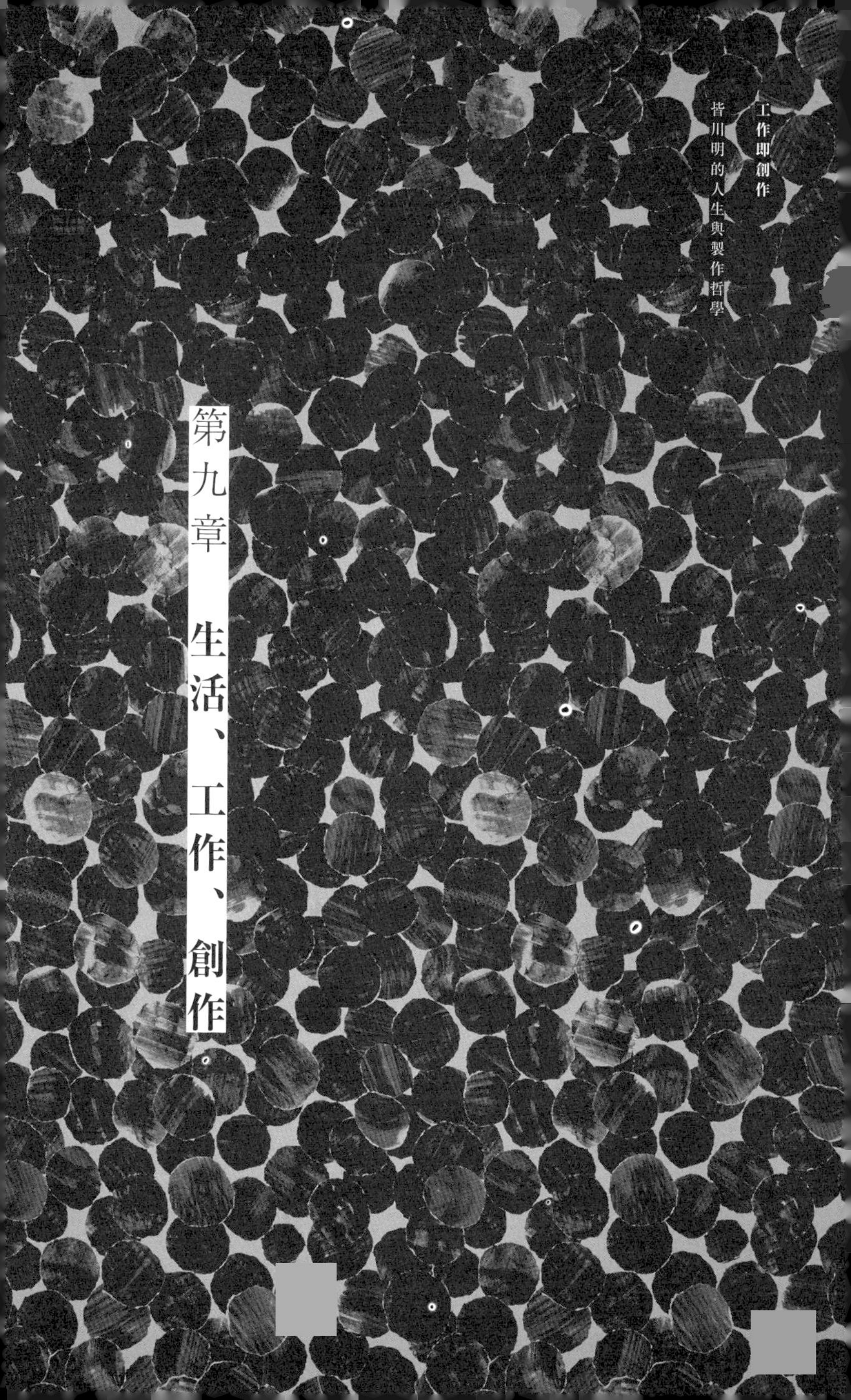

# 第九章 生活、工作、創作

# 「我」與「皆川明」

前面幾章描述了minä perhonen一路走來的故事以及現況，如果看起來只是一個成功創立品牌的人在自吹自擂，代表我還無法以德服人吧。

我是個有缺陷、不完美的人。是個只能透過做衣服，與社會產生連結的人。有時我甚至覺得，自己之所以那麼拚命，大概只是為了填補無意識下的缺憾吧。

我在父母離異的環境下長大，與生母只相處到三歲。若問我這段往事、破碎的回憶，是否為我的人生帶來助力，我可以很肯定地說，答案是否定的。我在報紙有連載插畫，不知不覺間畫了不少以母子為主題的圖。其實我自己沒有發現，是別人提起才注意到的。畫插圖與設計布料花紋的草稿，在思維上是截然不同的，插畫往往會在無意識下浮現，手便自然而然動了起來。

我的人生與我開創的事業，兩者是相輔相成、互相彌補的嗎？老實說，我很想斷言兩者毫無關係，但有時又覺得或許有關。人生是不可預測的，對此我深有體會。出社會以後，在工作上也發生了許多出人意料的事。

我逐漸發現，不論生活或工作，或許都不是自己能掌控的。在這無法一手掌握的情況下持續動手，衍生出來的產物就是「創作」。即使浮在無法掌控的汪洋大海上，我也沒有放棄划動手腳。我喘著氣，隨著海面下的海潮漂移。突然間，我眼前出了一座小島，上岸後便在那裡開始創作。

那座島，變成了minä perhonen。或許這座島，也正順著海潮漂往某個地方。

最近這樣的想法愈來愈強烈。

最後，我想寫一些關於今後的打算。儘管我也不曉得該如何實現、要不要實現，以及是否能順利實現。但minä perhonen已有超過百名同仁參與，所以我不能說「我也不知道會怎麼樣」。工作實在很奇妙，我們無法斷言人生將如何發展，面對職涯卻得宣稱往後要展開哪些計畫。

「我」是單數第一人稱，「皆川明」是世人所知的第三人稱。

在這本書中，「我」回顧了自己的工作。或許「我」與平常在職場上的「皆川明」一模一樣，又或許有些部分會讓員工大吃一驚。對「皆川明」而言，「我」在書裡或許有些太過多嘴，但要解釋清楚自己的工作，無論如何都得從「我」的觀點、經驗出發。

我在書中提到了許多人，若大家覺得我寫的內容「與認知不符」，代表我能力不足，唯有致歉而已，但書中每個字都是發自肺腑，沒有一絲虛假。

總之，「我」就不再多嘴了。最後請容我回歸皆川明，書寫接下來的打算。

## 我的缺陷

我之所以能從無到有，打造出mina這個品牌，是因為初生之犢不畏虎嗎？

我從未在時裝企業工作過，也沒有認識的廠商，不但知識匱乏，經營經驗更是零。

我深知自己有很多不足、欠缺的地方，不論從哪邊著手都會有不清楚、忽略的部分。這份恐懼如影隨形，迫使我若不把自己所能想到的做到最好，就會擔心無法達到目標、到不了目的地。為此我總是戰戰兢兢，沒有任何一件事情是因為我「不畏」而達到的。

關於設計，我也深知自己不夠成熟。例如服裝線條、版型製作就是我的弱項。上文化服裝學院時，我對服裝設計的概念就是「服飾的造型」。回想大家畫下的時尚設計圖，也都跟時裝秀的showpiece一樣，件件稀奇古怪、爭奇鬥豔。

但我只設計得出簡單、常見的款式，也認為這種自然不造作的造型比較好。但「設計」一詞在當時，更偏向於如何創造令人耳目一新的東西。像我們這樣從以前到現在，堅持花上大把時間製作布料的傻勁，在我學習服裝設計的過程中根本聞所未聞。

如果說設計出前所未見、標新立異的服飾，是一名新銳設計師的價值所在，那我在這方面的能力是全然不足的。要說我擁有什麼堪用的武器，也只有在工廠和訂製店當學徒的經驗了。但當學徒和自己創立品牌，中間仍隔著巨大的鴻溝。當自己成為主角，就會陸續遭遇許多看不見、摸不到的阻礙。

但既然這就是我，索性一切從零開始，先拚再說。於是我試著從頭學起，自食其力處理工作上的大小事。對廠商，也是從毫無基礎開始合作，逐漸建立彼此的信賴。雖然很費功夫，但我認為仔細確認每件事情，緩緩推進，對我而言是最好的策略。除此之外我想不出其他方法。

這種感覺跟快步走在別人鋪好的路上截然不同。我只能踩在凹凸不平的沙灘上，一步一腳印小心翼翼地前進，不僅速度快不起來，還隨時會失去平衡。鞋子與沙子的摩擦也很大，一旦跌倒，也沒有其他人攙扶。可是正因為不擅長，更能花時間持續下去。愈是不拿手，就愈難輕言放棄。即使中途得休息，我也要持之以恆。當不擅長裁縫的自己在打工時幫忙修改下襬，這就是我腦中第一個浮現的念頭。身為田徑選手長跑時，我也是以類似的心情在咬牙苦撐。

進入時尚界以後的我，正因為缺乏自信，才能免於橫衝直撞、迷失自我。沒有任何信譽和成績的品牌，未來究竟何去何從？另一個自己，正從上空遠遠俯瞰著踽踽獨行的自己。我明明怕得不得了，另一個自己卻又如此從容，好整以暇地看著「將來的發展」。品牌剛建立時，生意十分慘澹，但我從未因為市場口味去改變自己做衣服的理念。要進入已經備受大眾喜愛的服飾市場，肯定會遭遇許多競爭對手，但我現在做的衣服沒有人與我競爭，這片望不見盡頭的汪洋上，只有我在游泳，我只要集中精力，思考在藍海中該如何划動手臂、如何伸展雙腿、如何踢水就好。若跳進競爭者眾多的紅海，看著別人的動作來划水，最後要不是自己的架勢亂掉，就是姿勢跟別人一樣，還不如花時間反覆摸索，練出屬於自己的泳式。我相信一定有一套適合自己的泳式，能助我長泳，我只需要學會，再想辦法練到純熟就好。

跑步會留下紀錄。它很嚴肅，沒有任何藉口，因此我會接受自己的紀錄，然後自我挑戰，而不是與其他競爭對手的紀錄比較，這就是我在田徑比賽中反覆做的事。進入時尚產業後，當我習慣專注在自己的結果上，保持姿勢向下個目標邁進時，我才驚覺原來這種在田徑場上接受自我的態度，依然惠我良多。

從事廣告業或建築業一定會接觸顧客，而顧客會有需求，會提出條件。但做衣服在開始動手時，並沒有特定的客群，所有條件都是自己決定的，再來只要用自己的方法實現腦海中的服飾就好，這點與田徑比賽倒是有點相似。

一路走來，我都是秉持這樣的信念在做自己的衣服。對於製作衣服，我從未迷惘，也不曾擔憂過將來的時尚趨勢。我只專心走自己眼前的路。

「minä perhonen / minagawa akira TSUZUKU」特展並非依年代展示二十五年來minä的衣服，而是讓服裝交錯，布置在同一個展間內。許多參觀完特展的人都表示，這中間明明經過了二十五年光陰，卻沒有一件衣服看起來是過時的，也沒有一件衣服受到流行趨勢影響。或許這代表了我那不受外界流行影響的信念，二十五年來都沒變過吧。

## 思考附加價值

對於工作，我有一些新的體悟。minä自創立以來夥伴便陸續增加，二十五年來員工已從十人、五十人增加到一百人。當單數擴展到複數，工作的意義也跟以往不同了。

說起「同事」，大家都會以為是指同一間公司內的夥伴，但我認為對現在的minä而言，「同事」也包含了合作廠商。minä的服飾並非獨力完成的，衣服會交由工廠縫製，售出的利潤除了填飽minä員工的肚子，也養活了在工廠上班的人。這意味著在公司以外，我們也有很多同事。

mina服飾大多設計得很精緻、複雜，工廠三不五時就得面臨難題或挑戰，還得維持高品質。就工廠的立場而言，應該會希望我們把衣服設計得單純些吧。幸好，合作的工廠都很樂意接我們的訂單，所以很少需要談判。那如果工廠反應「我們技術有限，做不來」該怎麼辦呢？

關於「技術困難」，我是這麼認為的。看起來愈困難，愈不可能完成的任務，一旦接受挑戰並完成它，成就感就愈大，這點我敢打包票。但如果把這種觀念強加在廠商身上，難免會令人詬病「說比做容易」。因此我在實際討論時，是這樣拜託對方的：

「一旦克服這種技術，就代表其他工廠做不到，只有你們做得到。成功的話，就會變成工廠的新技術和資產，而且沒有競爭對手。我們也會一直持續發包，其他公司得知這種技術，也會找你們下訂單，這樣工廠的生意一定會變好，收益也會增加。」

聽起來或許只是在畫大餅，但mina與工廠實際上真的有過數次這樣的協商，以新技術打造的服飾也因為深受消費者喜愛，使我們向工廠下訂的件數增加，工廠生意因此蒸蒸日上。類似的協商只要成功一次，讓廠商一同體會到成就感，下次就沒有必要再從頭說服他們了。「同事」的可貴之處，正是能像這樣彼此信任，攜手前進。

不過，也有人堅持工廠講究的是效率，還是做些單純、能大量生產的東西，才能讓利潤達到最高。這種思維固然有幾分道理，但在我看來有一半是錯的。

利潤指的是每單位時間的勞動可以產生多少價值，假設每小時能賺一千日幣，那麼要是出現技術困難、耗時費力，但十小時能賺一萬五千日幣的訂單呢？只要接下這筆單子，工廠每十小時的利潤就會提升至一點五倍。效率這個字彷彿具有魔法，而困難技術往往與「效率差」劃上等號，但只要提升製造的價值，每單位時間的效率甚至會比簡單的技術還要好。

換言之，問題不在於產量，而是每單位時間能賺取多少利潤。只要發包者願意支付與困難技術相符的酬勞，工廠就能獲益。當然，貪廠商便宜是絕對不可取的。愈是困難的技術，愈應該提高到合理的單價。唯有願意磨合才能成就困難的技術。若發包者覺得出錢的是老大，濫用自己的地位，不付更好的酬勞卻要工廠使用困難的技術，那生意是不可能談成的，也不可能做出好的產品，更遑論建立信賴感。若公司認為減少支出是提升收益唯一的方法，就永遠不可能得到好的夥伴。

問題出在人。舉凡一起摸索困難技術的操作流程、視情況調整產線、在工廠來回奔波、徹底管理困難任務，這些都需要有經驗、有指導能力的人來領軍。即便有機器，依然得靠人的頭腦、眼睛、雙手來管理品質。因此我們當然也會遇到「要是他退休，這條產線大概也要作廢了」的窘境。

遇到這種情況時，我們從不放棄，而是與廠商一起思考是否有其他辦法，好維持一貫的操作與品質。發包者也要時常動腦去因應狀況，不能高枕無憂地以為跟廠商談妥後，對方就會永遠以相同條件來接單。因此，日常溝通是非常重要的。若不能察覺彼此身上出現了哪些細微變化，便很難以長期夥伴的身分互相扶持。

機器也一樣。使用頻率太低的機械，對工廠來說只是佔位子的垃圾。然而即便是老機械，也會有它才能實現的細節與技術。若那台老機器在生產mina布料時不可或缺，就代表我們得提供足量的訂單，讓使用率達到一定的水準。對工廠而言，這是天經地義的事。有了一定會用到那台機器的訂單，產生了利潤，至少在合作期間，這台機器即便老舊，也不會被淘汰。不論是人或機械，工作時都不可能永遠保持在相同的狀態。因此我會隨時關心工作夥伴的現況，並跟大家分享這些訊息。信賴由此建立，創作的喜悅也跟著誕生。

所謂「同事」就是這樣，得經歷各式各樣的協商、磨合，這是我從過往經驗中學到的。為了與同事一起打拚，我必須眼、耳、口並用，多管齊下溝通，畢竟發包與承接這中間的一來一往絕對不能馬虎。

## 精神與肉體

精神是工作與創作的根基，對此我愈來愈有感觸。若我活著能為世上帶來貢獻，那麼這份貢獻絕對是來自於精神，而非肉體。假設有一套組合音響，裡頭放了黑膠唱盤或CD，正在播放音樂。可是一旦抽出黑膠唱盤或CD，音響就只是個鴉雀無聲的箱子。若把黑膠唱盤或CD放進其他音響，音樂又會響起。

對我而言，肉體就是組合音響，我創作的東西則是音樂，音響不過是演奏音樂的工具。能隨身攜帶的黑膠唱盤與CD，即便經過五十年、一百年也能播放出音樂，只要放進組合音響，音樂隨時都能響起。若組合音響壞了，代表這套工具的任務已經結束。重要的是音樂已經記錄在媒體上，也就是從組合音響裡響起的音樂本身。我認為創造那些音樂，就是我身為設計師的精神所在。

從事設計，將自己的時間轉換成作品，令我的人生充滿意義。我並不否認吃美食、談戀愛也很重要，只是漸漸覺得自己在設計時更有活著的感覺，或許這樣的思維和感受很偏頗吧。可能是我覺得自己的時間愈來愈少，才有這樣的想法。人會在什麼時候因為什麼原因離世，沒人說得準，但以平均壽命來看，與二十幾歲時相比，我所剩的時間確實不多了，所以更想在組合音響壞掉前多播放一些音樂，多記錄一點曲子。

這並非出自焦慮，而是來自好奇心，好奇究竟能走多遠。設計遠比我長壽，它來自我的精神，能將肉眼看不到的理念、較肉體長存的靈魂化為物質。這些來自精神的設計脫離我之後，將會擁有自己的時間，比我更加長壽。

猶太人曾被送到集中營，眾多同胞接連喪命。親身經歷這一切的維克多・法蘭克（Viktor E. Frankl）回憶當時的景象與感想，寫成了《夜與霧》一書。對我而言這部著作非常特別。在被剝奪人身自由，幾乎沒有希望生還的空間下，正是因為法蘭克保有精神上的自由，才有這本書的誕生。集中營裡毫無自由、希望，但在精神的世界裡有無限的自由和可能性。因此我希望別浪費精神的自由，盡量在有限的時光內創造些什麼。對我而言所謂活著，就是這種精神上的自由自在與發光發熱吧。

在公司上班、跑業務的人也一樣。令人欽佩的經營手法、令人讚嘆的生意技巧，也是源自於精神。不論哪種職業，我相信都有這種精神上的自由與能量。

創立蘋果電腦的史蒂夫・賈伯斯（Steve Jobs），也是從無到有創造出電腦並推廣至全世界，他還發明、設計了融合行動電話與電腦的iPhone，這些創舉也都誕生自他的精神。儘管賈伯斯因病早逝，但他創造的事物卻遍布全世界。在賈伯斯的觀念中，若過去不存在某樣東西、從未有人發想過，代表那是有潛力、是有趣的。這種精神已然超越他的生命，未來也會持續發展、茁壯。想讓某件事物、形式、理念得以長存，就必須向賈伯斯看齊，如他在創作時一樣追求品質。只要品質好，自然會有人繼承並讓它繼續成長。短命的東西往往缺乏品質，無法代代相傳，唯有品質優良才可能長壽。為此我們勢必得講究、打磨品質，還必須從中累積經驗，進一步驗證、深究。

一樣商品若缺乏力量，欠缺品質，就會被丟棄、半價拋售。如果覺得短命也無所謂，賣得出去就好，便永遠做不出具備品質、壽命長、能傳承下去的商品。即便偶爾研發出人人都有的爆紅品項，風潮也很快就會退去，隔一年便成為過去式，五年、十年後根本沒人記得。製造短命商品的人本來就不在乎產品壽命，因為心態無所謂，才導致情況反覆上演。反之若會對自己的產品感到心虛，做事的態度也會自然而然改變。

創作最美好的地方，不僅僅在於對美與品質的追求，還包含了新創造出來的產品會衍生出新的價值，帶來不一樣的生活。卓越的發明足以改變人類的生活模式，創作的力量就是如此強大。

## 面對人生的態度

有些人覺得工作與享受人生是兩回事，只要能賺錢果腹，工作時過得壓抑一點也沒關係，有錢賺就好。等到下班後離開公司，回家再投入興趣的懷抱，這樣更能享受人生。秉持這種工作態度的人，只要能在職場上與同事維持良好關係，倒也無可厚非。也有些人喜歡透過投資短時間賺取大量利潤，再把賺到的錢回饋社會，捐給慈善機構，這樣也不失為一樁美談。

但我並未選擇切割工作與人生，將來也不會。即便是去漁市打工殺鮪魚，我也獲益良多。漁市老闆對我的關照、教誨，如今仍長存在我心中，在minä的工作上，我也運用了許多老闆教我的觀念。老闆待他的工作永遠秉持著一份「工作即人生」的信念，在他心中，有許多對工作和生命的熱忱想傳達給年輕人。

回想與老闆相處的點滴，我發現他從未將工作與人生切割，不曾把前者的開關切成

ON、後者切成OFF，他的開關永遠都是ON。從老闆身上，我學到了積極、充實的人生觀。人年輕時往往會迷惘，不知該秉持什麼樣的信念、從事什麼性質的工作，也不曉得自己在什麼時候會把開關切到ON，就像墮入五里霧中，在霧裡寸步難行，平日只知渾渾噩噩地工作，唯有回家時才切到OFF。

這時該怎麼辦呢？

其實只要在濃霧散去以前，盡全力協助他人的工作，努力幫忙就行了。不論是大企業或中小企業，有緣到一間公司上班，不妨就拚拚看。我相信過程中一定會有所發現、有所斬獲。有空也可以為主管、部門設想，思考什麼樣的工作對大家會有幫助。在這個投入熱情協助他人的過程中，自然就會領悟工作的意義，找到工作與社會之間的連結。不過，所謂拚命並不是指一味迎合、盲目奉獻，因為過程中一定會發現缺點，這些缺點當然不能姑息，但也別因為它而在職場上怨天尤人。即便是不好的經驗，也會為往後的人生、工作帶來成長。別把眼耳口摀住，但也不要喪失了努力打拚的信念。

家父直到退休都在同一間企業工作，為了養家餬口，他工作了四十年。雖然我與他感情不睦，但自從我也長期做同一份工作後，就很佩服他能當上班族這麼多年。

創業以前的我也是全力以赴幫助他人。現在回頭想想，當時根本沒有ON和OFF的區別，我也不覺得做自己熱衷的事情時就是OFF，拚命就是這麼回事。正因為我努力幫忙，才獲得了能運用在自我品牌上的經驗。若我把一切都切割開來，只想賺錢，恐怕就得不到這些有益日後工作的經驗了。

拚著拚著，時間便過去了。時間在每個人身上都是公平的流逝。我已經開始有老花眼，跟以往相比，愛睏的時間也愈來愈早。我的身體機能正在逐漸衰退，活動的總能量也在慢慢減少，但我並不恐懼，反倒看得很開，也不會想趁OFF的時間勤加運動、健身，讓身體永遠保持年輕。

將來我或許會生病，無法一直健健康康，但對這些無可奈何的事東想西想也沒意義。比起整天為此愁眉苦臉，還不如思考創作，把時間花在探究上，對精神和身體都更健康。罹患老花眼後，少了眼鏡或放大鏡的輔助，就很難畫出細膩的線條。既然如此，何不乾脆用大一點的筆記工具，練習繪製前所未有、韻味不同的設計呢？馬諦斯

（Henri Matisse）晚年不用畫筆，而是以剪紙來繪畫，或許就是因為老花眼或是手指不靈活而發明出來的新手法。

即使功能退化、不堪使用，也不該自暴自棄、唉聲嘆氣，而是要尋找新的可能性。找出新的可能性，就能再度活得神采奕奕。

儘管愈來愈常意識到自己的年齡，但我從不擔憂時日無多，也不太煩惱該如何迎接人生的終點。接下來這十年比起過去十年，可能會更加忙碌。二十年後，說不定還會從minä的理念衍生、擴展一些新里程碑。我希望那些里程碑除了對我自己充滿意義，也能為社會貢獻一些價值。秉持這樣的信念，將來我也會打起精神，做到老學到老。愈是動手，腦袋裡往往就會浮現愈多具有挑戰性、想嘗試、以及非做不可的事情。在外人看來，我可能就像陷在渾沌的漩渦裡吧。待在漩渦裡，會發現事情永遠忙不完，然而愈是發現，我就愈起勁、愈覺得人生充滿意義，因為永遠都有事可以忙。

期待這樣忙碌的日子，有朝一日能帶領minä超越「延續百年」。

## 如同漣漪

我不知道自己還擁有多少時間、還能陪著夥伴走多遠，但我已經開始將「美好回憶」分享給新世代、交棒給年輕人了，唯有這樣才能培育出「至少延續百年」的品牌。只要想法夠清晰、穩固，即便不是我，也能繼續實現品牌價值。當然，在我還有精神、頭腦轉得動、手也靈活的時候，我會繼續參與工作。但假設我的時間不夠了，夥伴也會繼承minä、將之延續下去。我對minä的夥伴十分有信心，我相信他們做得到。

巴塞隆納的聖家堂於高第逝世後，依然在整建。永遠都在修建的建築，有種獨特的美，我想，或許這種美就連高第自己也難以想像吧。

石頭投入水裡，會引發漣漪。一顆沉重的大石光是砰地一聲落入水中，引發的漣漪便能傳到遙遠的彼岸。因此我要在自己所站的岸邊，將載滿minä核心理念的大石投入水裡，讓漣漪擴散出去，製造出綿長、漂亮的波紋。沉入湖底的大石，應該會靜靜望著水面逆光下的漣漪吧。它或許早已忘記，那些漣漪是它引起的。

事物只是創造「美好回憶」的契機，因此不必太拘泥它的形式或對象。在思考要做什麼事時，也別太執著於類別或行業，重點是用心思考想留下什麼樣的「美好回憶」。不論做任何事，只要謹記創造「美好回憶」，一定就能找到其中的意義。

只要過程是快樂的，那件事物便不會喪失光芒。

本書基於二〇一七年九月至二〇二〇年二月，共計十次、十七小時的皆川明訪談撰寫而成，由松家仁之負責訪談、架構與行文。

# 皆川明　minä perhonen 年譜

## 1967年

出生於東京。兒時熱衷於用黏土捏動物、搓泥巴球。

## 1977年

從東京都大田區搬家至神奈川縣橫濱市港北區。

## 1985年

獨自到歐洲旅行。

## 1986年

進入文化服裝學院夜間部就讀。白天在成衣廠上班，負責裁布。

就學時仍獨自到歐洲旅行。

## 1991年

至1994年為止，在毛皮大衣訂製工作室工作三年。

## 1994年

決定獨立創業，成立個人品牌。

至1997年為止，前兩年半皆在漁市打工。早上四點到中午殺魚，下午開始製作服飾。

## 1995年

成立minä，最早的工作室位於東京八王子。

品牌成立時，便立定「至少要延續百年」的願景。

## 1998年

將工作室遷至阿佐谷。

## 1999年

發表「giraffe chair」。這是第一張自己設計的椅子，從側面看就像長頸鹿。

## 2000年

發表「tambourine」。這種刺繡圖案以不規則顆粒排成一列列圓圈，日後這成了minä的象徵圖案。

將工作室遷至東京白金台。開設第一間合併店面的工作室。

## 2002年

嘗試復刻過去的布料，藉由改變顏色、材質讓老設計歷久彌新。

舉辦「粒子- Exhibition of minä 's works」個展（地點：東京，SPIRAL GARDEN）。

## 2003年

品牌名稱改為「minä perhonen」。

perhonen在芬蘭語是「蝴蝶」的意思。

期望「minä perhonen」能像蝴蝶一樣在全世界翩翩起舞、創作不懈。

## 2004年

開始參加巴黎時裝週。

擔任舞蹈表演「wonder girl」之服裝設計，

並參與空間規劃及演出（地點：東京，SPIRAL HALL）。

開始製作童裝（自2005年春夏款開始）。

## 2005年

在巴黎時裝週以「秀」的形式發表設計。

## 2006年

開始提供設計給丹麥織品品牌「Kvadrat」。

擔任舞蹈表演「moiré」之服裝設計及視覺概念（地點：東京，SPIRAL HALL）。

獲得「每日時尚大獎」（每日新聞社主辦）。

## 2007年

於京都開設直營店。

於巴黎時裝週發表2008年春夏款。

從此季起，不再於巴黎時裝週以秀的形式發表創作。

## 2009年

提供英國織品品牌「LIBERTY」2010年秋冬款設計。

在京都設立直營店「minä perhonen arkistot」，販售歷代款式。

讓顧客與老設計邂逅，讓設計不再過時。

舉辦「minä perhonen—fashion & design」個展（地點：荷蘭，Textiel museum Tilburg）。

## 2010年

開啓「minä perhonen piece,」計畫，珍惜每一吋剩餘的布料，創造出新價值。

於京都與東京開設直營店。

於東京創立直營店「arkistot」。

舉辦「進行中」個展（地點：東京，SPIRAL GARDEN）。

## 2012年

巴黎香氛品牌「diptyque」與minä perhonen聯名，以皆川的詩為意象，發表三款新的香氛蠟燭。

## 2013年

在京都開設無彩色服飾直營店「minä perhonen galleria」。galleria在芬蘭語是「藝廊」的意思，店裡也會舉辦企畫展覽。

於松本開設直營店。

開始向瑞典織品品牌「KLIPPAN」提供設計。

## 2014年

於皆川監修下，啓動株式會社良品計畫「POOL」。

提倡「零浪費創作循環」計畫，回收次級品與碎料加以使用。

## 2015年
於神奈川藤澤的湘南T-SITE內，設立直營店「minä perhonen koti」。

koti在芬蘭語是「家」的意思。

舉辦「1∞ ミナカケル」個展（地點：東京，SPIRAL GARDEN）。

舉辦「1∞ ミナカケル—minä perhonen的過去與未來」個展（地點：長崎，長崎縣美術館）。

擔任「Mum & gypsy」舞台劇【棄書出城】（書を捨てよ町へ出よう）（原作：寺山修司、演出：藤田貴大）之服裝設計（地點：東京藝術劇場、其他）。

義大利陶器品牌「Richard Ginori」，發表由皆川設計的餐具系列「Bee White」。

## 2016年
將本店自白金台移到代官山。

多家直營店開始販售歷代款式，並關閉「arkistot」。

於東京青山的SPIRAL創立「call」，販售咖啡、食品、古董、雜貨。

「call」帶有兩層涵義，分別是「呼喚」的call與「Création all」（創造一切）的縮寫。

「call」的徵才年齡提高至100歲。

獲得「2015每日設計獎」（由每日新聞社主辦）。

獲得「平成27年（第66回）藝術選獎文部科學大臣新人獎」（由文化廳主辦）。

開始為朝日新聞週日版專欄「日有所思」（日曜に想う）繪製插畫。（至2020年5月仍在連載）。

開始為日本經濟新聞的連載小說《到森林去》（森へ行きましょう，川上弘美）繪製插畫（2017年2月18日為最終回）。

## 2017年
於金澤開設直營店。

於東京代官山開設以織品家飾為主的直營店「minä perhonen materiaali」。materiaali在芬蘭語是「材料」的意思。

## 2018年

擔任瀨戶內島、豐島透天民宿「UMITOTA」之指導（設計：SIMPLICITY 緒方慎一郎、營運：株式會社Il Grano）。

擔任京町家特色民宿「京之温所 釜座二条」之監修（設計：中村好文、營運：株式會社華歌爾）。

擔任「Mum & gypsy」舞台劇【棄書出城】（書を捨てよ町へ出よう）（原作：寺山修司、演出：藤田貴大）之服裝設計（地點：東京藝術劇場、其他）。

## 2019年

於東京馬喰町開設居家生活館「minä perhonen elävä」。

提供為舊椅更換minä perhonen布料的服務。「elävä」在芬蘭語是「生活」的意思。

於京都設立另一間「materiaali」。

擔任京町家特色民宿「京之温所 西陣別邸」之監修（設計：中村好文、營運：株式會社華歌爾）。

舉辦「minä perhonen / minagawa akira TSUZUKU」個展（地點：東京，東京都現代美術館）。

## 2020年

於東京代官山開設無彩色服飾直營店「minä perhonen neutraali」。

「neutraali」在芬蘭語是「中性」的意思。

舉辦「minä perhonen / minagawa akira TSUZUKU」個展（地點：兵庫，兵庫縣立美術館）。

年譜製作・minä perhonen 長江青

# 工作即創作：皆川明的人生與製作哲學

生きる はたらく つくる

作者　皆川明
翻譯　蘇暐婷
責任編輯　張芝瑜
美術設計　郭家振
行銷企劃　謝宜瑾

發行人　何飛鵬
事業群總經理　李淑霞
副社長　林佳育
主編　葉承享
出版　城邦文化事業股份有限公司 麥浩斯出版
E-mail　cs@myhomelife.com.tw
地址　104 台北市中山區民生東路二段 141 號 6 樓
電話　02-2500-7578
發行　英屬蓋曼群島商家庭傳媒股份有限公司城邦分公司
地址　104 台北市中山區民生東路二段 141 號 6 樓
讀者服務專線　0800-020-299（09:30 ～ 12:00; 13:30 ～ 17:00）
讀者服務傳真　02-2517-0999
讀者服務信箱　Email: csc@cite.com.tw
劃撥帳號　1983-3516
劃撥戶名　英屬蓋曼群島商家庭傳媒股份有限公司城邦分公司
香港發行　城邦（香港）出版集團有限公司
地址　香港灣仔駱克道 193 號東超商業中心 1 樓
電話　852-2508-6231
傳真　852-2578-9337
馬新發行　城邦（馬新）出版集團 Cite（M）Sdn. Bhd.
地址　41, Jalan Radin Anum, Bandar Baru Sri Petaling, 57000 Kuala Lumpur, Malaysia.
電話　603-90578822
傳真　603-90576622
總經銷　聯合發行股份有限公司
電話　02-29178022
傳真　02-29156275

製版印刷　凱林印刷傳媒股份有限公司
定價　新台幣 380 元／港幣 127 元
ISBN　978-986-408-768-6
2021 年 12 月初版 1 刷 · Printed In Taiwan
2022年 12 月初版 2 刷
版權所有 · 翻印必究（缺頁或破損請寄回更換）

IKIRU HATARAKU TSUKURU
Copyright © 2020 AKIRA MINAGAWA
All rights reserved.
Originally published in Japan in 2020 by Tsuru & Hana Co.
Traditional Chinese translation rights arranged with Tsuru & Hana Co. through AMANN CO., LTD
This Traditional Chinese edition published by My House Publication, a division of Cite Publishing Ltd.

國家圖書館出版品預行編目（CIP）資料

工作即創作：皆川明的人生與製作哲學 / 皆川明著；蘇暐婷譯. -- 初版. -- 臺北市：城邦文化事業股份有限公司麥浩斯出版：英屬蓋曼群島商家庭傳媒股份有限公司城邦分公司發行，2021.12
面；　公分
譯自：生きるはたらくつくる
ISBN 978-986-408-768-6(平裝)

1. 皆川明 2. 學術思想 3. 服裝設計 4. 傳記

783.18　　110020811